Sabor Mediterráneo

Un Viaje Gastronómico por las Costas del Sol y Más Allá

Antonio Rodríguez

Indice

Linguini de mariscos 9
Condimento de camarones, tomate y jengibre 11
pasta con camarones 14
Bacalao escalfado 16
Mejillones al vino blanco 18
Salmón al eneldo 20
Salmón Suave 22
Melodía de atún 23
Queso De Mar 24
Filetes Saludables 25
salmón con hierbas 26
Atún Glaseado Ahumado 27
Fletán crujiente 28
Atún En Forma 29
Filetes de pescado fresco y caliente 29
Mejillones O'Marine 31
Asado de ternera mediterráneo en olla de cocción lenta 32
Carne mediterránea de cocción lenta con alcachofas 34
Asado magro estilo mediterráneo en olla de cocción lenta ...36
Pastel de carne en olla de cocción lenta 38
Hoagies de carne mediterráneos en olla de cocción lenta 40
Cerdo asado mediterráneo 42
Pizza de carne 44
Albóndigas de ternera y bulgur 47

Sabrosa carne y brócoli 49

Chile de res y maíz 50

Plato de ternera balsámico 51

Carne Asada Con Salsa De Soja 53

Asado de ternera al romero 55

Chuletas de cerdo y salsa de tomate 57

Pollo con salsa de alcaparras 58

Hamburguesas De Pavo Con Salsa De Mango 60

Pechuga De Pavo Asada Con Hierbas 62

Salchicha De Pollo Y Pimientos 64

pollo Piccata 66

Pollo Toscano 68

Kapama de pollo 70

Pechugas De Pollo Rellenas De Espinacas Y Feta 72

Muslos de pollo al horno con romero 74

Pollo con cebolla, patatas, higos y zanahorias 75

Giros de pollo con tzatziki 77

Musaca 79

Solomillo de cerdo con Dijon y finas hierbas 81

Filete con vino tinto y salsa de champiñones 83

Albóndigas Griegas 86

Cordero con judías verdes 88

Pollo Con Salsa De Tomate Y Balsámico 90

Ensalada de arroz integral, queso feta, guisantes frescos y menta 92

Pan de pita integral relleno de aceitunas y garbanzos 94

Zanahorias Asadas con Nueces y Frijoles Cannellini 96

Pollo Con Mantequilla Sazonado 98

Pollo Doble Con Tocino Y Queso 100
Camarones Al Limón Y Pimienta 102
Fletán empanizado y picante 104
Salmón con curry de mostaza 106
Salmón con costra de nueces y romero 107
Espaguetis Rápidos Con Tomate 109
Queso Al Horno Con Chile Y Orégano 111
311. Pollo italiano crujiente 111
Paella de verduras 113
Cazuela de berenjenas y arroz 115
Cuscús De Verduras 118
Kushari 121
Bulgur con tomates y garbanzos 124
Maccheroni de caballa 126
Maccheroni con tomates cherry y anchoas 128
Risotto de limón y gambas 130
Espaguetis con almejas 132
sopa de pescado griega 134
Arroz Venere con Camarones 136
Pennette con Salmón y Vodka 138
Carbonara de mariscos 140
Garganelli con pesto de calabacín y gambas 143
risotto de salmón 146
Pasta con tomate cherry y anchoas 148
Orecchiette con brócoli y salchicha 150
Risotto con achicoria y tocino ahumado 152
Pasta de bizcocho 154

Pasta de coliflor de Nápoles	157
Pasta e Fagioli con naranja e hinojo	159
Espaguetis De Lima	161
Cuscús De Verduras Picante	163
Arroz al horno con hinojo picante	165
Cuscús marroquí con garbanzos	167
Paella vegetariana con judías verdes y garbanzos	169
Camarones al ajillo con tomate y albahaca	171
paella de gambas	173
Ensalada de lentejas con aceitunas, menta y queso feta	175
Garbanzos con ajo y perejil	177
Compota de garbanzos con berenjenas y tomates	179
Arroz Griego Al Limón	181
Arroz con ajo y hierbas	183
Ensalada Mediterránea De Arroz	185
Ensalada de frijoles frescos y atún	187
Deliciosa pasta con pollo	189
Tazón de arroz con tacos sabrosos	191
Sabrosos macarrones con queso	193
Arroz Con Pepino Y Olivas	195
Sabores de risotto con hierbas	197
Deliciosa Pasta Primavera	199
Pasta con pimientos asados	201
Queso Albahaca Tomate Arroz	203
Pasta De Atún	205
Panini mix de aguacate y pavo	207
Fattoush – Pan del Medio Oriente	209

Focaccia de tomate y ajo sin gluten 211

Hamburguesas de champiñones a la parrilla 213

Baba ganush mediterráneo 215

Bollos multicereales y sin gluten 217

Linguini de mariscos

Tiempo de preparación: 10 minutos

Hora de cocinar: 35 minutos

Porciones: 2

Nivel de dificultad: Difícil

Ingredientes:

- 2 dientes de ajo, picados
- 4 onzas de linguini integrales
- 1 cucharada de aceite de oliva
- 14 onzas de tomates, enlatados y cortados en cubitos
- 1/2 cucharada de chalota, picada
- 1/4 taza de vino blanco
- Sal marina y pimienta negra al gusto.
- 6 almejas cerezas, limpias
- 4 onzas de tilapia, cortada en tiras de 1 pulgada
- 4 onzas de vieiras secas
- 1/8 taza de parmesano rallado
- 1/2 cucharadita de mejorana, picada y fresca

Direcciones:

Hierva el agua en una cacerola, luego cocine la pasta hasta que esté tierna, lo que debería tomar unos ocho minutos. Escurre y luego enjuaga la pasta.

Calienta el aceite en una sartén grande a fuego medio, luego, una vez que el aceite esté caliente, agrega el ajo y la chalota. Cocine por un minuto y revuelva con frecuencia.

Aumente el fuego a medio-alto antes de agregar la sal, el vino, la pimienta y los tomates, hasta que hierva. Cocine por un minuto más.

Luego agrega las almejas, tapa y cocina por otros dos minutos.

Luego agrega la mejorana, las vieiras y el pescado. Continúe cocinando hasta que el pescado esté completamente cocido y las almejas se hayan abierto, esto tomará hasta cinco minutos, y deseche las almejas que no se abran.

Vierte la salsa y las almejas sobre la pasta, espolvorea con parmesano y mejorana antes de servir. Servir caliente.

Nutrición (por 100 g): 329 calorías 12 g de grasa 10 g de carbohidratos 33 g de proteína 836 mg de sodio

Condimento de camarones, tomate y jengibre

Tiempo de preparación: 10 minutos

Hora de cocinar: 15 minutos

Porciones: 2

Nivel de dificultad: Difícil

Ingredientes:

- 1 1/2 cucharadas de aceite vegetal
- 1 diente de ajo, picado
- 10 camarones, extra grandes, pelados y sin cola
- 3/4 cucharada de dedo, rallado y pelado
- 1 tomate verde, cortado por la mitad
- 2 tomates pera, cortados por la mitad
- 1 cucharada de jugo de lima, fresco
- 1/2 cucharadita de azúcar
- 1/2 cucharada de jalapeño con semillas, fresco y picado
- 1/2 cucharada de albahaca, fresca y picada
- 1/2 cucharada de cilantro, picado y fresco
- 10 brochetas
- Sal marina y pimienta negra al gusto.

Direcciones:

Sumerge tus brochetas en una cacerola con agua durante al menos media hora.

Mezcle el ajo y el jengibre en un tazón, transfiera la mitad a un tazón más grande y mezcle con dos cucharadas de aceite. Agrega los camarones y asegúrate de que queden bien cubiertos.

Cúbrelo y transfiérelo al refrigerador durante al menos media hora, luego déjalo enfriar.

Calienta la parrilla a fuego alto y engrasa ligeramente las rejillas con aceite. Saque un tazón y mezcle los tomates ciruela y verdes con la cucharada restante de aceite, sazonando con sal y pimienta.

Ase los tomates con el lado cortado hacia arriba y la piel debe quedar carbonizada. La pulpa del tomate debe estar tierna, lo que tardará entre cuatro y seis minutos en el caso de los tomates ciruela y unos diez minutos en el caso de los tomates verdes.

Retire la piel una vez que los tomates estén lo suficientemente fríos como para manipularlos, luego deseche las semillas. Pica finamente la pulpa del tomate y agrégala al jengibre y al ajo reservados. Agrega el azúcar, el jalapeño, el jugo de lima y la albahaca.

Sazone los camarones con sal y pimienta ensartándolos en las brochetas, luego áselos hasta que estén opacos, aproximadamente dos minutos por lado. Coloca los camarones en un plato con tu salsa y disfruta.

Nutrición (por 100 g): 391 calorías 13 g de grasa 11 g de carbohidratos 34 g de proteína 693 mg de sodio

pasta con camarones

Tiempo de preparación: 10 minutos

Hora de cocinar: 10 minutos

Porciones: 2

Nivel de dificultad: Medio

Ingredientes:

- 2 tazas de pasta cabello de ángel, cocida
- 1/2 libra de camarones medianos, pelados
- 1 diente de ajo, picado
- 1 taza de tomate, picado
- 1 cucharadita de aceite de oliva
- 1/6 taza de aceitunas Kalamata, deshuesadas y picadas
- 1/8 taza de albahaca, fresca y en rodajas finas
- 1 cucharada de alcaparras, escurridas
- 1/8 taza de queso feta, desmenuzado
- Una pizca de pimienta negra

Direcciones:

Cocine la pasta según las instrucciones del paquete, luego caliente el aceite de oliva en una sartén a fuego medio-alto. Cocine el ajo durante medio minuto y luego agregue los camarones. Saltee por un minuto más.

Agrega la albahaca y el tomate, luego reduce el fuego a fuego lento durante tres minutos. Tu tomate debe estar tierno.

Agrega las aceitunas y las alcaparras. Agrega una pizca de pimienta negra y mezcla la mezcla de camarones y la pasta para servir. Adorne con queso antes de servir caliente.

Nutrición (por 100 g): 357 calorías 11 g de grasa 9 g de carbohidratos 30 g de proteína 871 mg de sodio

Bacalao escalfado

Tiempo de preparación: 10 minutos

Hora de cocinar: 25 minutos

Porciones: 2

Nivel de dificultad: Medio

Ingredientes:

- 2 filetes de bacalao, 6 onzas
- Sal marina y pimienta negra al gusto.
- 1/4 taza de vino blanco seco
- 1/4 taza de caldo de mariscos
- 2 dientes de ajo, picados
- 1 hoja de laurel
- 1/2 cucharadita de salvia, fresca y picada
- 2 ramitas de romero para decorar

Direcciones:

Comience encendiendo el horno a 375, luego sazone los filetes con sal y pimienta. Colóquelos en una fuente para horno y agregue el caldo, el ajo, el vino, la salvia y la hoja de laurel. Cubra bien y hornee durante unos veinte minutos. El pescado debe quedar escamoso al probarlo con un tenedor.

Utiliza una espátula para retirar cada filete, coloca el líquido a fuego alto y cocina hasta reducir a la mitad. Esto debería tomar diez minutos y debes revolver con frecuencia. Sirva escurrido en el líquido de escalfado y adornado con una ramita de romero.

Nutrición (por 100 g): 361 calorías 10 g de grasa 9 g de carbohidratos 34 g de proteína 783 mg de sodio

Mejillones al vino blanco

Tiempo de preparación: 5 minutos
Hora de cocinar: 10 minutos
Porciones: 2
Nivel de dificultad: Difícil

Ingredientes:

- 2 libras. Mejillones vivos y frescos
- 1 taza de vino blanco seco
- 1/4 cucharadita de sal marina, fina
- 3 dientes de ajo, picados
- 2 cucharaditas de chalotes, cortados en cubitos
- 1/4 taza de perejil, fresco y picado, dividido
- 2 cucharadas de aceite de oliva
- 1/4 Limón, Jugo

Direcciones:

Saca un colador y frota los mejillones, enjuagándolos con agua fría. Deseche los mejillones que no se cierren si los golpea, luego use un cuchillo de pelar para quitarles la barba.

Saca la olla, colócala a fuego medio-alto y agrega el ajo, las chalotas, el vino y el perejil. Déjalo hervir. Una vez que esté en ebullición constante, agrega los mejillones y tapa. Déjalos hervir a fuego lento durante cinco a siete minutos. Asegúrate de que no se cocinen demasiado.

Use una espumadera para quitarlos y agregue el jugo de limón y el aceite de oliva a la sartén. Revuelve bien y vierte el caldo sobre los mejillones antes de servir con perejil.

Nutrición (por 100 g): 345 calorías 9 g de grasa 18 g de carbohidratos 37 g de proteína 693 mg de sodio

Salmón al eneldo

Tiempo de preparación: 10 minutos
Hora de cocinar: 15 minutos
Porciones: 2
Nivel de dificultad: Medio

Ingredientes:

- 2 filetes de salmón de 6 onzas cada uno
- 1 cucharada de aceite de oliva
- 1/2 mandarina, en jugo
- 2 cucharaditas de ralladura de naranja
- 2 cucharadas de eneldo, fresco y picado
- Sal marina y pimienta negra al gusto.

Direcciones:

Prepare el horno a 375 grados, luego saque dos trozos de papel de aluminio de diez pulgadas. Frote los filetes con aceite de oliva por ambos lados antes de sazonarlos con sal y pimienta, colocando cada filete en un trozo de papel de aluminio.

Rocíe cada uno con su jugo de naranja, luego decore con ralladura de naranja y eneldo. Doble el paquete para cerrarlo, asegurándose de que haya dos pulgadas de espacio de aire en el papel de aluminio para que el pescado se cocine al vapor, luego colóquelo en una fuente para hornear.

Hornee durante unos quince minutos antes de abrir los paquetes y transferirlos a dos platos para servir. Vierta la salsa sobre cada uno antes de servir.

Nutrición (por 100 g): 366 calorías 14 g de grasa 9 g de carbohidratos 36 g de proteína 689 mg de sodio

Salmón Suave

Tiempo de preparación: 8 minutos
Hora de cocinar: 8 minutos
Porciones: 2
Nivel de dificultad: Fácil

Ingredientes:

- Salmón, filete de 6 onzas
- Limón, 2 rodajas
- Alcaparras, 1 cucharada
- Sal marina y pimienta, 1/8 de cucharadita
- Aceite de oliva virgen extra, 1 cucharada

Direcciones:

Coloca una sartén limpia a fuego medio para cocinar durante 3 minutos. Coloca un poco de aceite de oliva en un plato y cubre el salmón por completo. Cocine el salmón a fuego alto en la sartén.

Cubra el salmón con los ingredientes restantes y voltee para cocinar por cada lado. Observe cuando ambos lados estén dorados. Esto puede tardar entre 3 y 5 minutos por lado. Asegúrate de que el salmón esté cocido probándolo con un tenedor.

Servir con rodajas de limón.

Nutrición (por 100 g): 371 Calorías 25,1 g Grasa 0,9 g Carbohidratos 33,7 g Proteína 782 mg Sodio

Melodía de atún

Tiempo de preparación: 20 minutos

Hora de cocinar: 20 minutos

Porciones: 2

Nivel de dificultad: Fácil

Ingredientes:

- Atún, 12 onzas
- Cebollas verdes, 1 para decorar
- Pimienta picada
- Vinagre, 1 chorrito
- Sal y pimienta para probar
- Aguacates, 1, partidos por la mitad y sin hueso
- yogur griego, 2 cucharadas

Direcciones:

Mezclar en un bol el atún con el vinagre, la cebolla, el yogur, el aguacate y el pimiento.

Agrega los condimentos, mezcla y sirve con guarnición de cebolla verde.

Nutrición (por 100 g): 294 calorías 19 g de grasa 10 g de carbohidratos 12 g de proteína 836 mg de sodio

Queso De Mar

Tiempo de preparación: 12 minutos

Hora de cocinar: 25 minutos

Porciones: 2

Nivel de dificultad: Fácil

Ingredientes:

- Salmón, filete de 6 onzas
- Albahaca seca, 1 cucharada
- Queso, 2 cucharadas, rallado
- Tomate, 1, rebanado
- Aceite de oliva virgen extra, 1 cucharada

Direcciones:

Prepare un horno para hornear a 375 F. Coloque papel de aluminio en una fuente para hornear y rocíe con aceite de cocina. Transfiera con cuidado el salmón a la bandeja para hornear y decore con los ingredientes restantes.

Deja que el salmón se dore durante 20 minutos. Deje enfriar durante cinco minutos y transfiéralo a un plato para servir. Verás el relleno en medio del salmón.

Nutrición (por 100 g): 411 calorías 26,6 g de grasa 1,6 g de carbohidratos 8 g de proteína 822 mg de sodio

Filetes Saludables

Tiempo de preparación: 10 minutos

Hora de cocinar: 20 minutos

Porciones: 2

Nivel de dificultad: Fácil

Ingredientes:

- Aceite de oliva, 1 cucharadita
- Filete de fletán, 8 onzas
- Ajo, ½ cucharadita, picado
- Mantequilla, 1 cucharada
- Sal y pimienta para probar

Direcciones:

Calienta una sartén y agrega el aceite. A fuego medio, dorar los filetes en una sartén, derretir la mantequilla con el ajo, agregar sal y pimienta. Agregue los filetes, revuelva para cubrir y sirva.

Nutrición (por 100 g): 284 calorías 17 g de grasa 0,2 g de carbohidratos 8 g de proteína 755 mg de sodio

salmón con hierbas

Tiempo de preparación: 8 minutos

Hora de cocinar: 18 minutos

Porciones: 2

Nivel de dificultad: Fácil

Ingredientes:

- Salmón, 2 filetes sin piel
- Sal gruesa al gusto
- Aceite de oliva virgen extra, 1 cucharada
- Limón, 1, en rodajas
- Romero fresco, 4 ramitas

Direcciones:

Precalienta el horno a 400F. Coloque papel de aluminio en una fuente para horno y coloque el salmón encima. Cubra el salmón con los ingredientes restantes y hornee por 20 minutos. Servir inmediatamente con rodajas de limón.

Nutrición (por 100 g): 257 calorías 18 g de grasa 2,7 g de carbohidratos 7 g de proteína 836 mg de sodio

Atún Glaseado Ahumado

Tiempo de preparación: 35 minutos

Hora de cocinar: 10 minutos

Porciones: 2

Nivel de dificultad: Fácil

Ingredientes:

- Atún, filetes de 4 onzas
- Jugo de naranja, 1 cucharada
- Ajo picado, ½ diente
- Jugo de limón, ½ cucharadita
- Perejil fresco, 1 cucharada, picado
- Salsa de soja, 1 cucharada
- Aceite de oliva virgen extra, 1 cucharada
- Pimienta negra molida, cucharadita
- Orégano, cucharadita

Direcciones:

Elige una fuente para mezclar y añade todos los ingredientes menos el atún. Mezcla bien y luego agrega el atún a la marinada. Refrigera esta mezcla durante media hora. Calienta una sartén grill y cocina el atún por cada lado durante 5 minutos. Servir una vez cocido.

Nutrición (por 100 g): 200 calorías 7,9 g de grasa 0,3 g de carbohidratos 10 g de proteína 734 mg de sodio

Fletán crujiente

Tiempo de preparación: 20 minutos
Hora de cocinar: 15 minutos
Porciones: 2
Nivel de dificultad: Fácil

Ingredientes:

- perejil encima
- Eneldo fresco, 2 cucharadas, picado
- Cebollino fresco, 2 cucharadas, picado
- Aceite de oliva, 1 cucharada
- Sal y pimienta para probar
- Fletán, filetes, 6 onzas
- Ralladura de limón, ½ cucharadita, finamente rallada
- yogur griego, 2 cucharadas

Direcciones:

Precalienta el horno a 400F. Forre una bandeja para hornear con papel de aluminio. Agrega todos los ingredientes a un plato grande y marina los filetes. Enjuague y seque los filetes; Luego mete al horno y cocina por 15 minutos.

Nutrición (por 100 g): 273 calorías 7,2 g de grasa 0,4 g de carbohidratos 9 g de proteína 783 mg de sodio

Atún En Forma

Tiempo de preparación: 15 minutos
Hora de cocinar: 10 minutos
Porciones: 2
Nivel de dificultad: Fácil

Ingredientes:

- huevo, ½
- Cebolla, 1 cucharada, finamente picada
- apio encima
- Sal y pimienta para probar
- Ajo, 1 diente, picado
- Atún enlatado, 7 onzas
- yogur griego, 2 cucharadas

Direcciones:

Escurrir el atún y añadir el huevo y el yogur con ajo, sal y pimienta.

En un bol, mezcle esta mezcla con las cebollas y forme hamburguesas. Toma una sartén grande y dora los panqueques durante 3 minutos por cada lado. Escurrir y servir.

Nutrición (por 100 g): 230 calorías 13 g de grasa 0,8 g de carbohidratos 10 g de proteína 866 mg de sodio

Filetes de pescado fresco y caliente

Tiempo de preparación: 14 minutos

Hora de cocinar: 14 minutos

Porciones: 2

Nivel de dificultad: Fácil

Ingredientes:

- Ajo, 1 diente, picado
- Jugo de limón, 1 cucharada
- azúcar moreno, 1 cucharada
- Filete de fletán, 1 libra
- Sal y pimienta para probar
- Salsa de soja, cucharadita
- Mantequilla, 1 cucharadita
- yogur griego, 2 cucharadas

Direcciones:

A fuego medio, precalienta la parrilla. Combine la mantequilla, el azúcar, el yogur, el jugo de limón, la salsa de soja y los condimentos en un bol. Calentar la mezcla en una cacerola. Utilice esta mezcla para rociar el bistec mientras lo cocina a la parrilla. Servir caliente.

Nutrición (por 100 g): 412 Calorías 19,4 g Grasa 7,6 g Carbohidratos 11 g Proteína 788 mg Sodio

Mejillones O'Marine

Tiempo de preparación: 20 minutos
Hora de cocinar: 10 minutos
Porciones: 2
Nivel de dificultad: Fácil

Ingredientes:

- Mejillones, lavados y recortados, 1 libra
- Leche de coco, ½ taza
- Pimienta de cayena, 1 cucharadita
- Jugo de limón fresco, 1 cucharada
- Ajo, 1 cucharadita, picado
- Cilantro recién picado para decorar
- Azúcar moreno, 1 cucharadita

Direcciones:

Mezclar todos los ingredientes excepto los mejillones en una cacerola. Calentar la mezcla y llevarla a ebullición. Agrega los mejillones y cocina por 10 minutos. Servir en un plato con el líquido hervido.

Nutrición (por 100 g): 483 Calorías 24,4 g Grasa 21,6 g Carbohidratos 1,2 g Proteína 499 mg Sodio

Asado de ternera mediterráneo en olla de cocción lenta

Tiempo de preparación: 10 minutos
Hora de cocinar: 10 horas y 10 minutos
Porciones: 6
Nivel de dificultad: Medio

Ingredientes:

- 3 libras de carne asada, deshuesada
- 2 cucharaditas de romero
- ½ taza de tomates secos picados
- 10 dientes de ajo rallado
- ½ taza de caldo de res
- 2 cucharadas de vinagre balsámico
- ¼ de taza de perejil italiano fresco picado
- ¼ taza de aceitunas picadas
- 1 cucharadita de ralladura de limón
- taza de sémola de queso

Direcciones:

En la olla de cocción lenta, agregue el ajo, los tomates secados al sol y el rosbif. Agrega el caldo de res y el romero. Cierra la olla y cocina a fuego lento durante 10 horas.

Una vez completada la cocción, retire la carne y desmenúcela. Deseche la grasa. Regrese la carne molida a la olla de cocción lenta y cocine a fuego lento durante 10 minutos. En un tazón pequeño, combine la ralladura de limón, el perejil y las aceitunas. Enfríe la mezcla hasta que esté listo para servir. Adorne con la mezcla fría.

Sírvelo sobre pasta o fideos de huevo. Cúbralo con queso cuajado.

Nutrición (por 100 g): 314 calorías 19 g de grasa 1 g de carbohidratos 32 g de proteína 778 mg de sodio

Carne mediterránea de cocción lenta con alcachofas

Tiempo de preparación: 3 horas y 20 minutos
Hora de cocinar: 7 horas y 8 minutos
Porciones: 6
Nivel de dificultad: Fácil

Ingredientes:

- 2 libras de carne para guisado
- 14 onzas de corazones de alcachofa
- 1 cucharada de aceite de semilla de uva
- 1 cebolla picada
- 32 onzas de caldo de res
- 4 dientes de ajo rallados
- 14½ onzas de tomates enlatados, cortados en cubitos
- 15 onzas de salsa de tomate
- 1 cucharadita de orégano seco
- ½ taza de aceitunas deshuesadas y picadas
- 1 cucharadita de perejil seco
- 1 cucharadita de orégano seco
- ½ cucharadita de comino molido
- 1 cucharadita de albahaca seca
- 1 hoja de laurel
- ½ cucharadita de sal

Direcciones:

En una sartén antiadherente grande, agrega un poco de aceite y lleva a fuego medio-alto. Ase la carne hasta que se dore por ambos lados. Transfiera la carne a una olla de cocción lenta.

Agrega el caldo de res, los tomates cortados en cubitos, la salsa de tomate, la sal y mezcla. Vierta el caldo de res, los tomates cortados en cubitos, el orégano, las aceitunas, la albahaca, el perejil, el laurel y el comino. Mezclar bien la mezcla.

Cerrar y cocinar a fuego lento durante 7 horas. Deseche la hoja de laurel al servir. Servir caliente.

Nutrición (por 100 g): 416 calorías 5 g de grasa 14,1 g de carbohidratos 29,9 g de proteína 811 mg de sodio

Asado magro estilo mediterráneo en olla de cocción lenta

Tiempo de preparación: 30 minutos
Tiempo de cocción: 8 horas
Porciones: 10
Nivel de dificultad: Difícil

Ingredientes:

- 4 libras Ojo de redondo asado
- 4 dientes de ajo
- 2 cucharaditas de aceite de oliva
- 1 cucharadita de pimienta negra recién molida
- 1 taza de cebollas picadas
- 4 zanahorias, picadas
- 2 cucharaditas de romero seco
- 2 tallos de apio, picados
- 28 onzas de tomates triturados enlatados
- 1 taza de caldo de res bajo en sodio
- 1 taza de vino tinto
- 2 cucharaditas de sal

Direcciones:

Sazone el rosbif con sal, ajo y pimienta y reserve. Vierta el aceite en una sartén antiadherente y lleve a fuego medio-alto. Ponle la carne y ásala hasta que se dore por todos lados. Ahora transfiera la carne asada a una olla de cocción lenta de 6 cuartos. Agrega las zanahorias, la cebolla, el romero y el apio a la sartén. Continúe cocinando hasta que la cebolla y las verduras se ablanden.

Incorpora los tomates y el vino a esta mezcla de verduras. Agrega la mezcla de caldo de res y tomate a la olla de cocción lenta con la mezcla de verduras. Cerrar y cocinar a fuego lento durante 8 horas.

Una vez que la carne esté cocida, retírala de la olla de cocción lenta, colócala sobre una tabla de cortar y envuélvela con papel de aluminio. Para espesar la salsa, transfiérala a una cacerola y hiérvala a fuego lento hasta que alcance la consistencia requerida. Deseche las grasas antes de servir.

Nutrición (por 100 g): 260 calorías 6 g de grasa 8,7 g de carbohidratos 37,6 g de proteína 588 mg de sodio

Pastel de carne en olla de cocción lenta

Tiempo de preparación: 10 minutos

Hora de cocinar: 6 horas y 10 minutos

Porciones: 8

Nivel de dificultad: Medio

Ingredientes:

- 2 libras de bisonte molido
- 1 calabacín rallado
- 2 huevos grandes
- Aceite en aerosol para cocinar según sea necesario
- 1 calabacín rallado
- ½ taza de perejil fresco, finamente picado
- ½ taza de parmesano rallado
- 3 cucharadas de vinagre balsámico
- 4 dientes de ajo rallados
- 2 cucharadas de cebolla picada
- 1 cucharada de orégano seco
- ½ cucharadita de pimienta negra molida
- ½ cucharadita de sal kosher
- Para Decorar :
- ¼ taza de queso mozzarella rallado
- ¼ de taza de ketchup sin azúcar
- ¼ taza de perejil recién picado

Direcciones:

Cubra el interior de una olla de cocción lenta de seis cuartos con papel de aluminio. Rocíe aceite de cocina antiadherente.

En un tazón grande, combine bisonte molido o solomillo molido extra magro, calabacín, huevos, perejil, vinagre balsámico, ajo, orégano seco, sal marina o kosher, cebolla seca picada y pimienta negra molida.

Coloque esta mezcla en la olla de cocción lenta y forme una hogaza de forma oblonga. Tapar la cazuela, poner a fuego lento y cocinar durante 6 horas. Después de cocinar, abra la olla de cocción lenta y esparza ketchup por todo el pastel de carne.

Ahora coloca el queso encima del ketchup como una nueva capa y cierra la olla de cocción lenta. Deje reposar el pastel de carne sobre estas dos capas durante unos 10 minutos o hasta que el queso comience a derretirse. Adorne con perejil fresco y queso mozzarella rallado.

Nutrición (por 100 g): 320 calorías 2 g de grasa 4 g de carbohidratos 26 g de proteína 681 mg de sodio

Hoagies de carne mediterráneos en olla de cocción lenta

Tiempo de preparación: 10 minutos
Tiempo de cocción: 13 horas
Porciones: 6
Nivel de dificultad: Medio

Ingredientes:

- 3 libras de carne asada sin grasa
- ½ cucharadita de cebolla en polvo
- ½ cucharadita de pimienta negra
- 3 tazas de caldo de res bajo en sodio
- 4 cucharaditas de mezcla de aderezo para ensalada
- 1 hoja de laurel
- 1 cucharada de ajo, picado
- 2 pimientos rojos cortados en tiras finas
- 16 onzas de pepperoncino
- 8 rebanadas de Provolone Sargento, finas
- 2 onzas de pan sin gluten
- ½ cucharadita de sal
- <u>Para sasonar:</u>
- 1½ cucharadas de cebolla en polvo
- 1½ cucharadas de ajo en polvo
- 2 cucharadas de perejil seco

- 1 cucharada de stevia
- ½ cucharadita de tomillo seco
- 1 cucharada de orégano seco
- 2 cucharadas de pimienta negra
- 1 cucharada de sal
- 6 rebanadas de queso

Direcciones:

Seque el asado con una toalla de papel. Combine la pimienta negra, la cebolla en polvo y la sal en un tazón pequeño y frote la mezcla sobre el asado. Coloque el asado sazonado en una olla de cocción lenta.

Agregue el caldo, la mezcla de aderezo, la hoja de laurel y el ajo a la olla de cocción lenta. Mézclalo suavemente. Cerrar y programar a cocción baja durante 12 horas. Después de cocinar, retire la hoja de laurel.

Saque la carne cocida y desmenúcela. Devolver la carne picada y agregar los pimientos y. Agrega los pimientos y el pepperoncino a la olla de cocción lenta. Tapar la cazuela y cocinar a fuego lento durante 1 hora. Antes de servir, cubra cada panecillo con 3 onzas de la mezcla de carne. Cúbrelo con una rodaja de queso. La salsa líquida se puede utilizar como salsa para mojar.

Nutrición (por 100 g): 442 Calorías 11,5 g Grasa 37 g Carbohidratos 49 g Proteína 735 mg Sodio

Cerdo asado mediterráneo

Tiempo de preparación: 10 minutos

Hora de cocinar: 8 horas y 10 minutos

Porciones: 6

Nivel de dificultad: Medio

Ingredientes:

- 2 cucharadas de aceite de oliva
- 2 libras de cerdo asado
- ½ cucharadita de pimentón
- ¾ taza de caldo de pollo
- 2 cucharaditas de salvia seca
- ½ cucharada de ajo picado
- ¼ cucharadita de mejorana seca
- cucharadita de romero seco
- 1 cucharadita de orégano
- ¼ cucharadita de tomillo seco
- 1 cucharadita de albahaca
- ¼ de cucharadita de sal kosher

Direcciones:

En un tazón pequeño, combine el caldo, el aceite, la sal y las especias. En una sartén, agrega aceite de oliva y lleva a fuego medio-alto. Coloque la carne de cerdo y ase hasta que todos los lados se doren.

Saque el cerdo después de cocinarlo y pinche todo el asado con un cuchillo. Coloque el asado de cerdo pinchado en una olla de cocción lenta de 6 cuartos. Ahora vierte el líquido de la mezcla en un tazón pequeño por todo el asado.

Cierra la olla de cocción lenta y cocina a fuego lento durante 8 horas. Después de cocinarlo, retírelo de la olla de cocción lenta, colóquelo en una tabla de cortar y tritúrelo en pedazos. Luego, agregue la carne de cerdo desmenuzada a la olla de cocción lenta. Dejar cocer a fuego lento otros 10 minutos. Sirva con queso feta, pan pita y tomates.

Nutrición (por 100 g): 361 Calorías 10,4 g Grasa 0,7 g Carbohidratos 43,8 g Proteína 980 mg Sodio

Pizza de carne

Tiempo de preparación: 20 minutos

Hora de cocinar: 50 minutos

Porciones: 10

Nivel de dificultad: Difícil

Ingredientes:

- <u>Para la corteza:</u>
- 3 tazas de harina para todo uso
- 1 cucharada de azúcar
- 2¼ cucharaditas de levadura seca activa
- 1 cucharadita de sal
- 2 cucharadas de aceite de oliva
- 1 taza de agua tibia
- <u>Para Decorar :</u>
- 1 libra de carne molida
- 1 cebolla mediana, picada
- 2 cucharadas de pasta de tomate
- 1 cucharada de comino molido
- Sal y pimienta negra molida, si es necesario
- taza de agua
- 1 taza de espinacas frescas, picadas
- 8 onzas de corazones de alcachofa, en cuartos
- 4 onzas de champiñones frescos, rebanados

- 2 tomates, picados
- 4 onzas de queso feta, desmenuzado

Direcciones:

Para la corteza:

Mezclar la harina, el azúcar, la levadura y la sal con una batidora de pie, utilizando el gancho amasador. Agrega 2 cucharadas de aceite y agua tibia y amasa hasta tener una masa suave y elástica.

Haz una bola de masa y déjala reposar unos 15 minutos.

Coloque la masa sobre una superficie ligeramente enharinada y enróllela formando un círculo. Coloque la masa en un molde para pizza redondo ligeramente engrasado y presione suavemente para que encaje. Dejar reposar durante unos 10-15 minutos. Untar la base con un poco de aceite. Precaliente el horno a 400 grados F.

Para Decorar :

Dore la carne en una sartén antiadherente a fuego medio-alto durante unos 4 a 5 minutos. Agrega la cebolla y cocina durante unos 5 minutos, revolviendo frecuentemente. Agrega la pasta de tomate, el comino, la sal, la pimienta negra y el agua y mezcla.

Ponga el fuego a medio y cocine durante unos 5 a 10 minutos. Retirar del fuego y reservar. Coloque la mezcla de carne sobre la masa de pizza y cubra con espinacas, seguidas de alcachofas, champiñones, tomates y queso feta.

Cocine hasta que el queso se derrita. Retirar del horno y dejar reposar durante unos 3 a 5 minutos antes de cortar. Cortar en rodajas del tamaño deseado y servir.

Nutrición (por 100 g): 309 Calorías 8,7 g Grasa 3,7 g Carbohidratos 3,3 g Proteína 732 mg Sodio

Albóndigas de ternera y bulgur

Tiempo de preparación: 20 minutos

Hora de cocinar: 28 minutos

Porciones: 6

Nivel de dificultad: Medio

Ingredientes:

- ¾ taza de bulgur crudo
- 1 libra de carne molida
- ¼ de taza de chalotes, picados
- ¼ de taza de perejil fresco, picado
- ½ cucharadita de pimienta de Jamaica molida
- ½ cucharadita de comino molido
- ½ cucharadita de canela molida
- ¼ de cucharadita de hojuelas de pimiento rojo, trituradas
- Sal, según sea necesario
- 1 cucharada de aceite de oliva

Direcciones:

En un recipiente grande con agua fría, remoje el bulgur durante unos 30 minutos. Escurre bien el bulgur y luego exprímelo con las manos para eliminar el exceso de agua. En un procesador de alimentos, agregue el bulgur, la carne, la chalota, el perejil, las especias, la sal y mezcle hasta que quede suave.

Coloque la mezcla en un bol y refrigere, tapado, durante unos 30 minutos. Retirar del refrigerador y hacer bolas del mismo tamaño con la mezcla de carne. En una sartén antiadherente grande, caliente el aceite a fuego medio-alto y cocine las albóndigas en 2 tandas durante aproximadamente 13 a 14 minutos, volteándolas con frecuencia. Servir caliente.

Nutrición (por 100 g): 228 Calorías 7,4 g Grasa 0,1 g Carbohidratos 3,5 g Proteína 766 mg Sodio

Sabrosa carne y brócoli

Tiempo de preparación: 10 minutos
Hora de cocinar: 15 minutos
Porciones: 4
Nivel de dificultad: Fácil

Ingredientes:

- 1 libra y ½ Filete de flanco
- 1 cucharada. aceite de oliva
- 1 cucharada. salsa tamari
- 1 taza de caldo de res
- 1 libra de brócoli, con los floretes separados

Direcciones:

Mezcle las tiras de bistec con el aceite y el tamari, revuelva y reserve por 10 minutos. Selecciona tu olla instantánea en modo salteado, coloca las tiras de carne y dóralas durante 4 minutos por cada lado. Agrega el caldo, tapa la sartén nuevamente y cocina a fuego alto durante 8 minutos. Agregue el brócoli, cubra y cocine a temperatura alta durante 4 minutos más. Divida todo entre platos y sirva. ¡Disfrutar!

Nutrición (por 100 g): 312 calorías 5 g de grasa 20 g de carbohidratos 4 g de proteína 694 mg de sodio

Chile de res y maíz

Tiempo de preparación: 8-10 minutos
Hora de cocinar: 30 minutos
Porciones: 8
Nivel de dificultad: Medio

Ingredientes:

- 2 cebollas pequeñas, picadas (finamente)
- ¼ taza de maíz enlatado
- 1 cucharada de aceite
- 10 onzas de carne molida magra
- 2 pimientos picantes pequeños, cortados en cubitos

Direcciones:

Enciende la olla instantánea. Haga clic en "SALTAR". Vierta el aceite y luego agregue la cebolla, el pimiento y la carne; cocine hasta que esté transparente y suave. Vierte las 3 tazas de agua en la olla; mezclar bien.

Cerrar la tapa. Seleccione "CARNE/GUISO". Configure el cronómetro en 20 minutos. Deje cocinar hasta que el cronómetro llegue a cero.

Haga clic en "CANCELAR" y luego en "NPR" para liberar la presión de forma natural durante aproximadamente 8 a 10 minutos. Ábralo y luego coloque el plato en platos para servir. Atender.

Nutrición (por 100 g): 94 calorías 5 g de grasa 2 g de carbohidratos 7 g de proteína 477 mg de sodio

Plato de ternera balsámico

Tiempo de preparación: 5 minutos

Hora de cocinar: 55 minutos

Porciones: 8

Nivel de dificultad: Medio

Ingredientes:

- 3 libras de carne asada
- 3 dientes de ajo, en rodajas finas
- 1 cucharada de aceite
- 1 cucharadita de vinagre aromatizado
- ½ cucharadita de pimienta
- ½ cucharadita de romero
- 1 cucharada de mantequilla
- ½ cucharadita de tomillo
- taza de vinagre balsámico
- 1 taza de caldo de res

Direcciones:

Corta el asado en rodajas y rellénalo con rodajas de ajo por todas partes. Mezcle el vinagre aromatizado, el romero, la pimienta y el tomillo y frote la mezcla sobre el asado. Seleccione la sartén para saltear y mezcle con el aceite, deje que el aceite se caliente. Cocine ambos lados del asado.

Sácalo y resérvalo. Agrega la mantequilla, el caldo, el vinagre balsámico y desglasa la sartén. Regrese el asado y cierre la tapa, luego cocine a ALTA presión durante 40 minutos.

Realice una liberación rápida. ¡Atender!

Nutrición (por 100 g): 393 calorías 15 g de grasa 25 g de carbohidratos 37 g de proteína 870 mg de sodio

Carne Asada Con Salsa De Soja

Tiempo de preparación: 8 minutos
Hora de cocinar: 35 minutos
Porciones: 2-3
Nivel de dificultad: Medio

Ingredientes:

- ½ cucharadita de caldo de res
- 1 ½ cucharadita de romero
- ½ cucharadita de ajo picado
- 2 libras de carne asada
- 1/3 taza de salsa de soja

Direcciones:

Combine la salsa de soja, el caldo, el romero y el ajo en un tazón.

Enciende tu olla instantánea. Coloque el asado y vierta suficiente agua para cubrir el asado; revuelva suavemente para combinar. Ciérrelo bien.

Haga clic en la función de cocción "CARNE/GUISO"; establezca el nivel de presión en "ALTO" y establezca el tiempo de cocción en 35 minutos. Deje que aumente la presión para cocinar los ingredientes. Una vez hecho esto, haga clic en la configuración "CANCELAR" y luego en la función de cocción "NPR" para liberar la presión de forma natural.

Abre poco a poco la tapa y desmenuza la carne. Agregue la carne desmenuzada a la mezcla para macetas y mezcle bien. Transfiera a recipientes para servir. Servir caliente.

Nutrición (por 100 g): 423 calorías 14 g de grasa 12 g de carbohidratos 21 g de proteína 884 mg de sodio

Asado de ternera al romero

Tiempo de preparación: 5 minutos

Hora de cocinar: 45 minutos

Porciones: 5-6

Nivel de dificultad: Medio

Ingredientes:

- 3 libras de carne asada
- 3 dientes de ajo
- taza de vinagre balsámico
- 1 ramita de romero fresco
- 1 ramita de tomillo fresco
- 1 taza de agua
- 1 cucharada de aceite vegetal
- Sal y pimienta para probar

Direcciones:

Picar las rodajas de rosbif y colocar encima los dientes de ajo. Frote el asado con las hierbas, la pimienta negra y la sal. Precalienta tu olla instantánea usando la configuración para saltear y vierte el aceite. Una vez caliente, agregue el rosbif y cocine, revolviendo, hasta que se dore por todos lados. Agrega los ingredientes restantes; revuelva suavemente.

Selle y cocine a temperatura alta durante 40 minutos usando la configuración manual. Deje que la presión se libere naturalmente, aproximadamente 10 minutos. Destape y coloque el rosbif en platos para servir, córtelo y sirva.

Nutrición (por 100 g): 542 Calorías 11,2 g Grasa 8,7 g Carbohidratos 55,2 g Proteína 710 mg Sodio

Chuletas de cerdo y salsa de tomate

Tiempo de preparación: 10 minutos
Hora de cocinar: 20 minutos
Porciones: 4
Nivel de dificultad: Fácil

Ingredientes:

- 4 chuletas de cerdo, deshuesadas
- 1 cucharada de salsa de soja
- cucharadita de aceite de sésamo
- 1 y ½ tazas de pasta de tomate
- 1 cebolla amarilla
- 8 champiñones, rebanados

Direcciones:

En un bol, combine las chuletas de cerdo con la salsa de soja y el aceite de sésamo, mezcle y deje reposar durante 10 minutos. Ponga su olla instantánea en modo salteado, agregue las chuletas de cerdo y dore durante 5 minutos por cada lado. Agregue la cebolla y cocine por 1 a 2 minutos más. Agregue la pasta de tomate y los champiñones, mezcle, cubra y cocine a temperatura alta durante 8 a 9 minutos. Divida todo entre platos y sirva. ¡Disfrutar!

Nutrición (por 100 g): 300 calorías 7 g de grasa 18 g de carbohidratos 4 g de proteína 801 mg de sodio

Pollo con salsa de alcaparras

Tiempo de preparación: 10 minutos

Hora de cocinar: 18 minutos

Porciones: 5

Nivel de dificultad: Difícil

Ingredientes:

- Para el pollo:
- 2 huevos
- Sal y pimienta negra molida, si es necesario
- 1 taza de pan rallado seco
- 2 cucharadas de aceite de oliva
- 1½ libras de mitades de pechuga de pollo deshuesadas y sin piel, machacadas hasta alcanzar un grosor de ¾ de pulgada y cortadas en trozos
- Para la salsa de alcaparras:
- 3 cucharadas de alcaparras
- ½ taza de vino blanco seco
- 3 cucharadas de jugo de limón fresco
- Sal y pimienta negra molida, si es necesario
- 2 cucharadas de perejil fresco, picado

Direcciones:

Para el pollo: En un plato llano, agrega los huevos, la sal y la pimienta negra y bate hasta que estén bien combinados. En otro plato hondo colocamos el pan rallado. Sumerja los trozos de pollo en la mezcla de huevo y luego cúbralos uniformemente con pan rallado. Sacuda el exceso de pan rallado.

Cocine el aceite a fuego medio y cocine los trozos de pollo durante aproximadamente 5 a 7 minutos por cada lado o hasta que estén cocidos. Con una espumadera, coloque los trozos de pollo en un plato forrado con toallas de papel. Con un trozo de papel de aluminio cubre los trozos de pollo para mantenerlos calientes.

En la misma sartén, añade todos los ingredientes de la salsa excepto el perejil y cocina durante unos 2-3 minutos, revolviendo continuamente. Incorpora el perejil y retira del fuego. Sirve los trozos de pollo con la guarnición de salsa de alcaparras.

Nutrición (por 100 g): 352 Calorías 13,5 g Grasa 1,9 g Carbohidratos 1,2 g Proteína 741 mg Sodio

Hamburguesas De Pavo Con Salsa De Mango

Tiempo de preparación: 15 minutos
Hora de cocinar: 10 minutos
Porciones: 6
Nivel de dificultad: Fácil

Ingredientes:

- 1½ libras de pechuga de pavo molida
- 1 cucharadita de sal marina, dividida
- ¼ de cucharadita de pimienta negra recién molida
- 2 cucharadas de aceite de oliva virgen extra
- 2 mangos, pelados, sin hueso y cortados en cubos
- ½ cebolla morada, finamente picada
- Zumo de 1 lima
- 1 diente de ajo, picado
- ½ chile jalapeño, sin semillas y finamente picado
- 2 cucharadas de hojas de cilantro fresco picado

Direcciones:

Forme 4 hamburguesas con pechuga de pavo y sazone con ½ cucharadita de sal marina y pimienta. Cocine el aceite de oliva en una sartén antiadherente hasta que brille. Agregue las hamburguesas de pavo y cocine durante unos 5 minutos por cada lado hasta que estén doradas. Mientras se cocinan las hamburguesas, combine el mango, la cebolla morada, el jugo de limón, el ajo, el jalapeño, el cilantro y la ½ cucharadita de sal marina restante en un tazón pequeño. Vierta la salsa sobre las hamburguesas de pavo y sirva.

Nutrición (por 100 g): 384 calorías 3 g de grasa 27 g de carbohidratos 34 g de proteína 692 mg de sodio

Pechuga De Pavo Asada Con Hierbas

Tiempo de preparación: 15 minutos

Hora de cocinar: 1h30 (más 20 minutos de descanso)

Porciones: 6

Nivel de dificultad: Medio

Ingredientes:

- 2 cucharadas de aceite de oliva virgen extra
- 4 dientes de ajo, picados
- Ralladura de 1 limón
- 1 cucharada de hojas de tomillo fresco picado
- 1 cucharada de hojas de romero frescas picadas
- 2 cucharadas de hojas de perejil italiano fresco picado
- 1 cucharadita de mostaza molida
- 1 cucharadita de sal marina
- ¼ de cucharadita de pimienta negra recién molida
- 1 pechuga de pavo con hueso y piel (6 libras)
- 1 taza de vino blanco seco

Direcciones:

Precalienta el horno a 325°F. Combine aceite de oliva, ajo, ralladura de limón, tomillo, romero, perejil, mostaza, sal marina y pimienta. Cepille la mezcla de hierbas uniformemente sobre la superficie de la pechuga de pavo, afloje la piel y frote también por debajo. Coloque la pechuga de pavo en una fuente para asar sobre una rejilla, con la piel hacia arriba.

Vierta el vino en la sartén. Ase durante 1 a 1 1/2 horas hasta que el pavo alcance una temperatura interna de 165 grados F. Retírelo del horno y colóquelo por separado durante 20 minutos, cubierto con papel de aluminio para mantenerlo caliente, antes de cortarlo.

Nutrición (por 100 g): 392 calorías 1 g de grasa 2 g de carbohidratos 84 g de proteína 741 mg de sodio

Salchicha De Pollo Y Pimientos

Tiempo de preparación: 10 minutos

Hora de cocinar: 20 minutos

Porciones: 6

Nivel de dificultad: Medio

Ingredientes:

- 2 cucharadas de aceite de oliva virgen extra
- 6 enlaces de salchicha de pollo italiana
- 1 cebolla
- 1 pimiento rojo
- 1 pimiento verde
- 3 dientes de ajo, picados
- ½ taza de vino blanco seco
- ½ cucharadita de sal marina
- ¼ de cucharadita de pimienta negra recién molida
- Una pizca de hojuelas de pimiento rojo

Direcciones:

Cocine el aceite de oliva en una sartén grande hasta que brille. Agregue las salchichas y cocine de 5 a 7 minutos, volteándolas ocasionalmente, hasta que se doren y alcancen una temperatura interna de 165°F. Con unas pinzas, retire la salchicha de la sartén y déjela a un lado en un plato, cubierta con papel de aluminio para mantenerla caliente.

Regrese la sartén al fuego y agregue la cebolla, el pimiento rojo y el pimiento verde. Cocine, revolviendo ocasionalmente, hasta que las verduras comiencen a dorarse. Agrega el ajo y cocina por 30 segundos, revolviendo constantemente.

Agregue el vino, la sal marina, la pimienta y las hojuelas de pimiento rojo. Retire y agregue los trozos dorados del fondo de la sartén. Cocine a fuego lento durante unos 4 minutos más, revolviendo, hasta que el líquido se reduzca a la mitad. Vierte los pimientos sobre las salchichas y sirve.

Nutrición (por 100 g): 173 calorías 1 g de grasa 6 g de carbohidratos 22 g de proteína 582 mg de sodio

pollo Piccata

Tiempo de preparación: 10 minutos
Hora de cocinar: 15 minutos
Porciones: 6
Nivel de dificultad: Medio

Ingredientes:

- ½ taza de harina integral
- ½ cucharadita de sal marina
- 1/8 cucharadita de pimienta negra recién molida
- 1½ libras de pechugas de pollo, cortadas en 6 trozos
- 3 cucharadas de aceite de oliva virgen extra
- 1 taza de caldo de pollo sin sal
- ½ taza de vino blanco seco
- Jugo de 1 limón
- Ralladura de 1 limón
- ¼ de taza de alcaparras, escurridas y enjuagadas
- ¼ taza de hojas de perejil fresco picado

Direcciones:

En un plato poco profundo, mezcle la harina, la sal marina y la pimienta. Pasar el pollo por la harina y retirar el exceso. Cocine el aceite de oliva hasta que brille.

Agrega el pollo y cocina durante unos 4 minutos por cada lado hasta que esté dorado. Retire el pollo de la sartén y déjelo a un lado, cubierto con papel de aluminio para mantenerlo caliente.

Regrese la sartén al fuego y agregue el caldo, el vino, el jugo de limón, la ralladura de limón y las alcaparras. Use el costado de una cuchara y agregue los trozos dorados del fondo de la sartén. Dejar cocer a fuego lento hasta que el líquido espese. Retire la sartén del fuego y devuelva el pollo a la sartén. Voltear para cubrir. Agrega el perejil y sirve.

Nutrición (por 100 g): 153 calorías 2 g de grasa 9 g de carbohidratos 8 g de proteína 692 mg de sodio

Pollo Toscano

Tiempo de preparación: 10 minutos

Hora de cocinar: 25 minutos

Porciones: 6

Nivel de dificultad: Difícil

Ingredientes:

- ¼ de taza de aceite de oliva virgen extra, cantidad dividida
- 1 libra de pechugas de pollo deshuesadas y sin piel, cortadas en trozos de ¾ de pulgada
- 1 cebolla, picada
- 1 pimiento rojo, picado
- 3 dientes de ajo, picados
- ½ taza de vino blanco seco
- 1 lata de 14 onzas de tomates triturados, sin escurrir
- 1 lata de 14 onzas de tomates picados, escurridos
- 1 lata (14 onzas) de frijoles blancos, escurridos
- 1 cucharada de condimento italiano seco
- ½ cucharadita de sal marina
- 1/8 cucharadita de pimienta negra recién molida
- 1/8 cucharadita de hojuelas de pimiento rojo
- ¼ de taza de hojas de albahaca fresca picadas

Direcciones:

Cocine 2 cucharadas de aceite de oliva hasta que brille. Agregue el pollo y cocine hasta que se dore. Retire el pollo de la sartén y déjelo a un lado en un plato, cubierto con papel de aluminio para mantenerlo caliente.

Regresa la sartén al fuego y calienta el aceite de oliva restante. Agrega la cebolla y el pimiento rojo. Cocine y revuelva raramente, hasta que las verduras estén tiernas. Agrega el ajo y cocina por 30 segundos, revolviendo constantemente.

Agregue el vino y use el costado de la cuchara para quitar los trozos dorados del fondo de la sartén. Cocine por 1 minuto, revolviendo.

Combine los tomates triturados y picados, los frijoles blancos, el condimento italiano, la sal marina, la pimienta y las hojuelas de pimiento rojo. Déjalo así por ahora. Cocine por 5 minutos, revolviendo ocasionalmente.

Devuelve el pollo y los jugos que se hayan acumulado a la sartén. Cocine hasta que el pollo esté cocido. Retire del fuego y agregue la albahaca antes de servir.

Nutrición (por 100 g): 271 calorías 8 g de grasa 29 g de carbohidratos 14 g de proteína 596 mg de sodio

Kapama de pollo

Tiempo de preparación: 10 minutos
Tiempo de cocción: 2 horas
Porciones: 4
Nivel de dificultad: Medio

Ingredientes:

- 1 lata de 32 onzas de tomates picados, escurridos
- ¼ de taza de vino blanco seco
- 2 cucharadas de pasta de tomate
- 3 cucharadas de aceite de oliva virgen extra
- cucharadita de hojuelas de pimiento rojo
- 1 cucharadita de pimienta de Jamaica molida
- ½ cucharadita de orégano seco
- 2 dientes enteros
- 1 rama de canela
- ½ cucharadita de sal marina
- 1/8 cucharadita de pimienta negra recién molida
- 4 mitades de pechuga de pollo deshuesadas y sin piel

Direcciones:

Combine los tomates, el vino, la pasta de tomate, el aceite de oliva, las hojuelas de pimiento rojo, la pimienta de Jamaica, el orégano, el clavo, la rama de canela, la sal marina y la pimienta en una cacerola grande. Llevar a ebullición, revolviendo ocasionalmente. Cocine a fuego lento durante 30 minutos, revolviendo ocasionalmente. Retire y deseche los dientes enteros y la rama de canela de la salsa y deje que la salsa se enfríe.

Precalienta el horno a 350°F. Coloque el pollo en una fuente para hornear de 9x13 pulgadas. Vierta la salsa sobre el pollo y cubra la sartén con papel de aluminio. Continúe cocinando hasta que alcance una temperatura interna de 165°F.

Nutrición (por 100 g): 220 calorías 3 g de grasa 11 g de carbohidratos 8 g de proteína 923 mg de sodio

Pechugas De Pollo Rellenas De Espinacas Y Feta

Tiempo de preparación: 10 minutos
Hora de cocinar: 45 minutos
Porciones: 4
Nivel de dificultad: Medio

Ingredientes:

- 2 cucharadas de aceite de oliva virgen extra
- 1 libra de espinacas frescas
- 3 dientes de ajo, picados
- Ralladura de 1 limón
- ½ cucharadita de sal marina
- 1/8 cucharadita de pimienta negra recién molida
- ½ taza de queso feta desmenuzado
- 4 pechugas de pollo deshuesadas y sin piel

Direcciones:

Precalienta el horno a 350°F. Cocine el aceite de oliva a fuego medio hasta que brille. Agrega las espinacas. Continúe cocinando y revolviendo hasta que se ablanden.

Agregue el ajo, la ralladura de limón, la sal marina y la pimienta. Cocine por 30 segundos, revolviendo constantemente. Deje enfriar un poco y agregue el queso.

Extienda la mezcla de espinacas y queso en una capa uniforme sobre los trozos de pollo y enrolle la pechuga alrededor del relleno. Manténgalo cerrado con palillos de dientes o hilo de carnicero. Coloque las pechugas en una fuente para hornear de 9x13 pulgadas y hornee durante 30 a 40 minutos, o hasta que el pollo tenga una temperatura interna de 165°F. Retirar del horno y dejar reposar durante 5 minutos antes de cortar y servir.

Nutrición (por 100 g): 263 calorías 3 g de grasa 7 g de carbohidratos 17 g de proteína 639 mg de sodio

Muslos de pollo al horno con romero

Tiempo de preparación: 5 minutos
Tiempo de cocción: 1 hora
Porciones: 6
Nivel de dificultad: Fácil

Ingredientes:

- 2 cucharadas de hojas de romero frescas picadas
- 1 cucharadita de ajo en polvo
- ½ cucharadita de sal marina
- 1/8 cucharadita de pimienta negra recién molida
- Ralladura de 1 limón
- 12 muslos de pollo

Direcciones:

Precalienta el horno a 350°F. Combine el romero, el ajo en polvo, la sal marina, la pimienta y la ralladura de limón.

Coloque las baquetas en una fuente para hornear de 9x13 pulgadas y espolvoree con la mezcla de romero. Hornee hasta que el pollo alcance una temperatura interna de 165°F.

Nutrición (por 100 g): 163 calorías 1 g de grasa 2 g de carbohidratos 26 g de proteína 633 mg de sodio

Pollo con cebolla, patatas, higos y zanahorias.

Tiempo de preparación: 5 minutos
Hora de cocinar: 45 minutos
Porciones: 4
Nivel de dificultad: Medio

Ingredientes:

- 2 tazas de papas alevines, cortadas por la mitad
- 4 higos frescos, cortados en cuartos
- 2 zanahorias, en juliana
- 2 cucharadas de aceite de oliva virgen extra
- 1 cucharadita de sal marina, dividida
- ¼ de cucharadita de pimienta negra recién molida
- 4 cuartos de muslo de pollo
- 2 cucharadas de hojas de perejil fresco picado

Direcciones:

Precalienta el horno a 425°F. En un tazón pequeño, mezcle las papas, los higos y las zanahorias con el aceite de oliva, ½ cucharadita de sal marina y pimienta. Extienda en una fuente para hornear de 9x13 pulgadas.

Sazone el pollo con la sal marina restante. Colócalo encima de las verduras. Hornee hasta que las verduras estén tiernas y el pollo alcance una temperatura interna de 165°F. Espolvorea con perejil y sirve.

Nutrición (por 100 g): 429 calorías 4 g de grasa 27 g de carbohidratos 52 g de proteína 581 mg de sodio

Giros de pollo con tzatziki

Tiempo de preparación: 15 minutos
Hora de cocinar: 1 hora y 20 minutos
Porciones: 6
Nivel de dificultad: Medio

Ingredientes:

- 1 libra de pechuga de pollo picada
- 1 cebolla rallada con el exceso de agua exprimida
- 2 cucharadas de romero seco
- 1 cucharada de mejorana seca
- 6 dientes de ajo, picados
- ½ cucharadita de sal marina
- ¼ de cucharadita de pimienta negra recién molida
- Salsa tzatziki

Direcciones:

Precalienta el horno a 350°F. Combine el pollo, la cebolla, el romero, la mejorana, el ajo, la sal marina y la pimienta en un procesador de alimentos. Mezclar hasta que la mezcla forme una pasta. Alternativamente, mezcle estos ingredientes en un tazón hasta que estén bien combinados (consulte el consejo de preparación).

Presione la mezcla en un molde para pan. Hornee hasta que alcance una temperatura interna de 165 grados. Retirar del horno y dejar reposar durante 20 minutos antes de cortar.

Corta el gyro en rodajas y vierte la salsa tzatziki encima.

Nutrición (por 100 g): 289 calorías 1 g de grasa 20 g de carbohidratos 50 g de proteína 622 mg de sodio

Musaca

Tiempo de preparación: 10 minutos
Hora de cocinar: 45 minutos
Porciones: 8
Nivel de dificultad: Difícil

Ingredientes:

- 5 cucharadas de aceite de oliva extra virgen, dividido
- 1 berenjena, en rodajas (sin pelar)
- 1 cebolla, picada
- 1 pimiento verde, sin semillas y picado
- 1 libra de pavo molido
- 3 dientes de ajo, picados
- 2 cucharadas de pasta de tomate
- 1 lata de 14 onzas de tomates picados, escurridos
- 1 cucharada de condimento italiano
- 2 cucharaditas de salsa inglesa
- 1 cucharadita de orégano seco
- ½ cucharadita de canela molida
- 1 taza de yogur griego natural, sin azúcar y sin grasa
- 1 huevo batido
- ¼ de cucharadita de pimienta negra recién molida
- ¼ cucharadita de nuez moscada molida
- ¼ de taza de parmesano rallado
- 2 cucharadas de hojas de perejil fresco picado

Direcciones:

Precalienta el horno a 400°F. Cocine 3 cucharadas de aceite de oliva hasta que brille. Agrega las rodajas de berenjena y dóralas de 3 a 4 minutos por cada lado. Transferir a toallas de papel para escurrir.

Regrese la sartén al fuego y vierta las 2 cucharadas restantes de aceite de oliva. Agrega la cebolla y el pimiento verde. Continúe cocinando hasta que las verduras estén tiernas. Remueve de la sartén y pon a un lado.

Retira la sartén del fuego y agrega el pavo. Cocine durante unos 5 minutos, rompiendo con una cuchara, hasta que estén dorados. Agregue el ajo y cocine por 30 segundos, revolviendo constantemente.

Agregue la pasta de tomate, los tomates, el condimento italiano, la salsa inglesa, el orégano y la canela. Regrese la cebolla y el pimiento a la sartén. Cocine por 5 minutos, revolviendo. Mezclar el yogur, el huevo, la pimienta, la nuez moscada y el queso.

Coloque la mitad de la mezcla de carne en una fuente para hornear de 9x13 pulgadas. Cubra con la mitad de la berenjena. Agrega el resto de la mezcla de carne y el resto de las berenjenas. Untar con la mezcla de yogur. Cocine hasta que esté dorado. Adorne con perejil y sirva.

Nutrición (por 100 g): 338 calorías 5 g de grasa 16 g de carbohidratos 28 g de proteína 569 mg de sodio

Solomillo de cerdo con Dijon y finas hierbas

Tiempo de preparación: 10 minutos
Hora de cocinar: 30 minutos
Porciones: 6
Nivel de dificultad: Medio

Ingredientes:

- ½ taza de hojas frescas de perejil italiano, picadas
- 3 cucharadas de hojas frescas de romero, picadas
- 3 cucharadas de hojas frescas de tomillo, picadas
- 3 cucharadas de mostaza Dijon
- 1 cucharada de aceite de oliva virgen extra
- 4 dientes de ajo, picados
- ½ cucharadita de sal marina
- ¼ de cucharadita de pimienta negra recién molida
- 1 lomo de cerdo (1½ libras)

Direcciones:

Precalienta el horno a 400°F. Mezcle perejil, romero, tomillo, mostaza, aceite de oliva, ajo, sal marina y pimienta. Licue durante unos 30 segundos hasta que quede suave. Extienda la mezcla uniformemente sobre la carne de cerdo y colóquela en una bandeja para hornear con borde.

Hornee hasta que la carne alcance una temperatura interna de 140°F. Retirar del horno y dejar reposar durante 10 minutos antes de cortar y servir.

Nutrición (por 100 g): 393 calorías 3 g de grasa 5 g de carbohidratos 74 g de proteína 697 mg de sodio

Filete con vino tinto y salsa de champiñones

Tiempo de preparación: minutos más 8 horas para marinar
Hora de cocinar: 20 minutos
Porciones: 4
Nivel de dificultad: Difícil

Ingredientes:

- <u>Para la marinada y el bistec</u>
- 1 taza de vino tinto seco
- 3 dientes de ajo, picados
- 2 cucharadas de aceite de oliva virgen extra
- 1 cucharada de salsa de soja baja en sodio
- 1 cucharada de tomillo seco
- 1 cucharadita de mostaza Dijon
- 2 cucharadas de aceite de oliva virgen extra
- 1 a 1 ½ libras de filete de falda, filete a la plancha o filete de tres puntas
- <u>Para la salsa de champiñones</u>
- 2 cucharadas de aceite de oliva virgen extra
- 1 libra de champiñones cremini, cortados en cuartos
- ½ cucharadita de sal marina
- 1 cucharadita de tomillo seco

- 1/8 cucharadita de pimienta negra recién molida
- 2 dientes de ajo, picados
- 1 taza de vino tinto seco

Direcciones:

Para hacer la marinada y el bistec

En un tazón pequeño, mezcle el vino, el ajo, el aceite de oliva, la salsa de soja, el tomillo y la mostaza. Vierta en una bolsa con cierre y agregue el bistec. Refrigere el bistec para marinar durante 4 a 8 horas. Retire el filete de la marinada y séquelo con toallas de papel.

Cocine el aceite de oliva en una sartén grande hasta que brille.

Coloque el bistec y cocínelo durante unos 4 minutos por cada lado hasta que esté bien dorado por ambos lados y el bistec alcance una temperatura interna de 140°F. Retire el filete de la sartén y colóquelo en un plato forrado con papel de aluminio para mantenerlo caliente, mientras prepara la salsa de champiñones.

Cuando la salsa de champiñones esté lista, corte el bistec a contrapelo en rodajas de ½ pulgada de grosor.

Para hacer la salsa de champiñones

Cocine el aceite en la misma sartén a fuego medio-alto. Agrega los champiñones, la sal marina, el tomillo y la pimienta. Cocine durante unos 6 minutos, revolviendo muy raramente, hasta que los champiñones estén dorados.

Dorar el ajo. Agregue el vino y use el lado de una cuchara de madera para quitar los trozos dorados del fondo de la sartén. Cocine hasta que el líquido se reduzca a la mitad. Vierta los champiñones sobre el bistec.

Nutrición (por 100 g): 405 calorías 5 g de grasa 7 g de carbohidratos 33 g de proteína 842 mg de sodio

Albóndigas Griegas

Tiempo de preparación: 20 minutos
Hora de cocinar: 25 minutos
Porciones: 4
Nivel de dificultad: Medio

Ingredientes:

- 2 rebanadas de pan integral
- 1¼ libras de pavo molido
- 1 huevo
- taza de pan rallado integral sazonado
- 3 dientes de ajo, picados
- ¼ de cebolla morada rallada
- ¼ de taza de hojas de perejil italiano fresco picado
- 2 cucharadas de hojas de menta fresca picadas
- 2 cucharadas de hojas de orégano fresco picadas
- ½ cucharadita de sal marina
- ¼ de cucharadita de pimienta negra recién molida

Direcciones:

Precalienta el horno a 350°F. Coloque papel pergamino o papel de aluminio en la bandeja para hornear. Pasar el pan por agua para mojarlo y exprimir el exceso. Ralla el pan húmedo en trozos pequeños y colócalo en un bol mediano.

Agrega el pavo, el huevo, el pan rallado, el ajo, la cebolla morada, el perejil, la menta, el orégano, la sal marina y la pimienta. Mezclar bien. Forme bolitas de ¼ de taza con la mezcla. Coloque las albóndigas en la bandeja para hornear preparada y hornee durante unos 25 minutos, o hasta que la temperatura interna alcance los 165 °F.

Nutrición (por 100 g): 350 calorías 6 g de grasa 10 g de carbohidratos 42 g de proteína 842 mg de sodio

Cordero con judías verdes

Tiempo de preparación: 10 minutos
Tiempo de cocción: 1 hora
Porciones: 6
Nivel de dificultad: Difícil

Ingredientes:

- ¼ de taza de aceite de oliva virgen extra, cantidad dividida
- 6 chuletas de cordero desgrasadas
- 1 cucharadita de sal marina, dividida
- ½ cucharadita de pimienta negra recién molida
- 2 cucharadas de pasta de tomate
- 1½ tazas de agua caliente
- 1 libra de judías verdes, peladas y cortadas por la mitad en forma transversal
- 1 cebolla, picada
- 2 tomates, picados

Direcciones:

Cocine 2 cucharadas de aceite de oliva en una sartén grande hasta que brille. Sazone las chuletas de cordero con ½ cucharadita de sal marina y 1/8 de cucharadita de pimienta. Cocine el cordero en aceite caliente durante unos 4 minutos por cada lado hasta que se dore por ambos lados. Coloca la carne en un plato y reserva.

Regrese la sartén al fuego y agregue las 2 cucharadas restantes de aceite de oliva. Calentar hasta que brille.

En un bol, derrita la pasta de tomate en agua caliente. Agréguelo a la sartén caliente con las judías verdes, la cebolla, los tomates y la ½ cucharadita restante de sal marina y ¼ de cucharadita de pimienta. Deje hervir, usando el costado de una cuchara para raspar los trozos dorados del fondo de la sartén.

Devuelve las chuletas de cordero a la sartén. Deja que hierva y ajusta el fuego a medio-bajo. Cocine a fuego lento durante 45 minutos hasta que los frijoles estén tiernos, agregando agua según sea necesario para ajustar el espesor de la salsa.

Nutrición (por 100 g): 439 calorías 4 g de grasa 10 g de carbohidratos 50 g de proteína 745 mg de sodio

Pollo Con Salsa De Tomate Y Balsámico

Tiempo de preparación: 10 minutos
Hora de cocinar: 20 minutos
Porciones: 4
Nivel de dificultad: Medio

Ingredientes

- 2 (8 oz o 226,7 g cada una) pechugas de pollo deshuesadas y sin piel
- ½ cucharadita sal
- ½ cucharadita Pimienta molida
- 3 cucharadas aceite de oliva virgen extra
- ½ cucharadita tomates cherry cortados por la mitad
- 2 cucharadas. chalota en rodajas
- vs. vinagre balsámico
- 1 cucharada. Ajo picado
- 1 cucharada. semillas de hinojo tostadas, trituradas
- 1 cucharada. manteca

Direcciones:

Corta las pechugas de pollo en 4 trozos y golpéalas con un mazo hasta que tengan ¼ de pulgada de grosor. Use ¼ de cucharadita de pimienta y sal para cubrir el pollo. Calienta dos cucharadas de aceite en una sartén y mantén el fuego a medio. Cocine las pechugas de pollo por ambos lados durante tres minutos.

Colóquelo en un plato para servir y cúbralo con papel de aluminio para mantenerlo caliente.

Agrega una cucharada de aceite, chalota y tomates a una sartén y cocina hasta que se ablanden. Agrega el vinagre y hierve la mezcla hasta que el vinagre se reduzca a la mitad. Agrega las semillas de hinojo, el ajo, la sal y la pimienta y cocina durante unos cuatro minutos. Retíralo del fuego y mézclalo con mantequilla. Vierte esta salsa sobre el pollo y sirve.

Nutrición (por 100 g): 294 calorías 17 g de grasa 10 g de carbohidratos 2 g de proteína 639 mg de sodio

Ensalada de arroz integral, queso feta, guisantes frescos y menta

Tiempo de preparación: 10 minutos
Hora de cocinar: 25 minutos
Porciones: 4
Nivel de dificultad: Fácil

Ingredientes:

- 2 habitaciones. arroz integral
- 3 habitaciones. el agua
- La sal
- 5 onzas o 141,7 g de queso feta desmenuzado
- 2 habitaciones. guisantes cocidos
- ½ cucharadita menta picada, fresca
- 2 cucharadas. aceite de oliva
- Sal y pimienta

Direcciones:

Coloca el arroz integral, el agua y la sal en una cacerola a fuego medio, tapa y deja hervir. Reduzca el fuego y cocine hasta que el agua se disuelva y el arroz esté suave pero masticable. dejar enfriar completamente

Agregue el queso feta, los guisantes, la menta, el aceite de oliva, la sal y la pimienta a una ensaladera con el arroz enfriado y mezcle. ¡Servir y disfrutar!

Nutrición (por 100 g): 613 calorías 18,2 g de grasa 45 g de carbohidratos 12 g de proteína 755 mg de sodio

Pan de pita integral relleno de aceitunas y garbanzos

Tiempo de preparación: 10 minutos
Hora de cocinar: 20 minutos
Porciones: 2
Nivel de dificultad: Medio

Ingredientes:

- 2 bolsitas de pita integral
- 2 cucharadas. aceite de oliva
- 2 dientes de ajo, picados
- 1 cebolla, picada
- ½ cucharadita comino
- 10 aceitunas negras, picadas
- 2 habitaciones. garbanzos cocidos
- Sal y pimienta

Direcciones:

Abra los bolsillos de pita y reserve. Ajuste el fuego a medio y coloque una cacerola en su lugar. Agrega el aceite de oliva y calienta. Combine el ajo, la cebolla y el comino en la sartén caliente y revuelva mientras las cebollas se ablandan y el comino está fragante. Agregue las aceitunas, los garbanzos, la sal y la pimienta y revuelva todo hasta que los garbanzos se doren.

Retire la sartén del fuego y use una cuchara de madera para triturar los garbanzos de modo que algunos queden intactos y otros triturados. Caliente las bolsas de pita en el microondas, el horno o en una sartén limpia en la estufa.

¡Rellénalas con tu mezcla de garbanzos y a disfrutar!

Nutrición (por 100 g): 503 calorías 19 g de grasa 14 g de carbohidratos 15,7 g de proteína 798 mg de sodio

Zanahorias Asadas con Nueces y Frijoles Cannellini

Tiempo de preparación: 10 minutos

Hora de cocinar: 45 minutos

Porciones: 4

Nivel de dificultad: Medio

Ingredientes:

- 4 zanahorias peladas, picadas
- 1 c/u. tuerca
- 1 cucharada. mi querido
- 2 cucharadas. aceite de oliva
- 2 habitaciones. frijoles cannellini enlatados, escurridos
- 1 ramita de tomillo fresco
- Sal y pimienta

Direcciones:

Configure el horno a 400 F/204 C y forre una bandeja para hornear o una fuente para asar con papel pergamino. Coloque las zanahorias y las nueces en la bandeja para hornear o en la bandeja para hornear forrada. Espolvoree aceite de oliva y miel sobre las zanahorias y las nueces y frote todo para asegurarse de que cada pieza quede cubierta. Extienda los frijoles en la bandeja y acople las zanahorias y las nueces.

Agrega el tomillo y espolvorea todo con sal y pimienta, coloca la bandeja para hornear en tu horno y hornea por unos 40 minutos.

Servir y disfrutar

Nutrición (por 100 g): 385 calorías 27 g de grasa 6 g de carbohidratos 18 g de proteína 859 mg de sodio

Pollo Con Mantequilla Sazonado

Tiempo de preparación: 10 minutos

Hora de cocinar: 25 minutos

Porciones: 4

Nivel de dificultad: Medio

Ingredientes:

- ½ cucharadita Crema batida espesa
- 1 cucharada. La sal
- ½ cucharadita Caldo de hueso
- 1 cucharada. Pimienta
- 4 cucharadas Manteca
- 4 mitades de pechuga de pollo

Direcciones:

Coloca la fuente para hornear en tu horno a fuego medio y agrega una cucharada de mantequilla. Una vez que la mantequilla esté caliente y derretida, coloque el pollo y cocine durante cinco minutos por cada lado. Al final de este tiempo, el pollo debe estar bien cocido y dorado; si es así, adelante y colócalo en un plato.

A continuación, agregarás el caldo de huesos a la sartén caliente. Agregue la crema batida espesa, sal y pimienta. Luego deja la sartén sola hasta que la salsa comience a hervir a fuego lento. Deja que este proceso ocurra durante cinco minutos para que la salsa espese.

Finalmente, agregarás el resto de la mantequilla y el pollo a la sartén. Asegúrate de usar una cuchara para colocar la salsa sobre el pollo y sofocarlo por completo. Atender

Nutrición (por 100 g): 350 calorías 25 g de grasa 10 g de carbohidratos 25 g de proteína 869 mg de sodio

Pollo Doble Con Tocino Y Queso

Tiempo de preparación: 10 minutos

Hora de cocinar: 30 minutos

Porciones: 4

Nivel de dificultad: Fácil

Ingredientes:

- 4 onzas. o 113 g. Queso fresco
- 1 c/u. Queso cheddar
- 8 rebanadas de tocino
- Sal de mar
- Pimienta
- 2 dientes de ajo, finamente picados
- Pechuga de pollo
- 1 cucharada. Grasa de tocino o mantequilla

Direcciones:

Prepara el horno a 400 F/204 C Corta las pechugas de pollo por la mitad para que queden finas.

Sazona con sal, pimienta y ajo, engrasa una fuente para horno con mantequilla y coloca en ella las pechugas de pollo. Agregue queso crema y cheddar a las pechugas.

Añade también las lonchas de tocino. Coloca el molde en el horno durante 30 minutos. Sirve caliente.

Nutrición (por 100 g): 610 calorías 32 g de grasa 3 g de carbohidratos 38 g de proteína 759 mg de sodio

Camarones Al Limón Y Pimienta

Tiempo de preparación: 10 minutos
Hora de cocinar: 10 minutos
Porciones: 4
Nivel de dificultad: Fácil

Ingredientes:

- 40 camarones desvenados, pelados
- 6 dientes de ajo, picados
- Sal y pimienta negra
- 3 cucharadas aceite de oliva
- vs. pimentón dulce
- Una pizca de hojuelas de pimiento rojo triturado
- vs. Ralladura de limón
- 3 cucharadas Jerez u otro vino
- 1½ cucharada. cebollino en rodajas
- Jugo de 1 limón

Direcciones:

Pon el fuego a medio-alto y coloca una cacerola en su lugar.

Agregue el aceite y los camarones, espolvoree con pimienta y sal y cocine por 1 minuto. Agregue el pimentón, el ajo y las hojuelas de chile, revuelva y cocine por 1 minuto. Agregue suavemente el jerez y cocine por un minuto más.

Retire los camarones del fuego, agregue el cebollino y la ralladura de limón, mezcle y transfiera los camarones a platos. Agregue jugo de limón por todas partes y sirva.

Nutrición (por 100 g): 140 calorías 1 g de grasa 5 g de carbohidratos 18 g de proteína 694 mg de sodio

Fletán empanizado y picante

Tiempo de preparación: 5 minutos
Hora de cocinar: 25 minutos
Porciones: 4
Nivel de dificultad: Fácil

Ingredientes:

- vs. cebollino fresco picado
- vs. eneldo fresco picado
- vs. pimienta negro
- vs. migas de pan Panko
- 1 cucharada. aceite de oliva virgen extra
- 1 taza ralladura de limón finamente rallada
- 1 taza sal de mar
- 1/3 cucharadita. perejil fresco picado
- 4 filetes de fletán (6 oz o 170 g cada uno)

Direcciones:

En un tazón mediano, combine el aceite de oliva y los ingredientes restantes excepto los filetes de fletán y el pan rallado.

Coloque los filetes de fletán en la mezcla y deje marinar durante 30 minutos. Precaliente el horno a 400 F/204 C. Coloque papel de aluminio en una bandeja para hornear, engrase con aceite en aerosol. Sumerja los filetes en pan rallado y colóquelos en una bandeja para hornear. Hornee por 20 minutos. Sirva caliente.

Nutrición (por 100 g): 667 Calorías 24,5 g Grasa 2 g Carbohidratos 54,8 g Proteína 756 mg Sodio

Salmón con curry de mostaza

Tiempo de preparación: 10 minutos

Hora de cocinar: 20 minutos

Porciones: 4

Nivel de dificultad: Fácil

Ingredientes:

- vs. pimiento rojo molido o chile en polvo
- vs. cúrcuma, molida
- vs. sal
- 1 taza mi querido
- vs. polvo de ajo
- 2 cucharaditas. mostaza de grano entero
- 4 filetes de salmón (6 oz o 170 g cada uno)

Direcciones:

En un tazón combina la mostaza y el resto de los ingredientes excepto el salmón, precalienta el horno a 350 F/176 C. Engrasa una fuente para horno con aceite en aerosol. Coloque el salmón en una fuente para horno con la piel hacia abajo y extienda la mezcla de mostaza uniformemente sobre los filetes. Coloque en el horno y cocine de 10 a 15 minutos o hasta que esté escamoso.

Nutrición (por 100 g): 324 Calorías 18,9 g Grasa 1,3 g Carbohidratos 34 g Proteína 593 mg Sodio

Salmón con costra de nueces y romero

Tiempo de preparación: 10 minutos
Hora de cocinar: 25 minutos
Porciones: 4
Nivel de dificultad: Medio

Ingredientes:

- 1 libra o 450 g. filete de salmón congelado sin piel
- 2 cucharaditas. Mostaza de Dijon
- 1 diente de ajo, picado
- vs. cáscara de limón
- ½ cucharadita mi querido
- ½ cucharadita sal kosher
- 1 taza romero recién picado
- 3 cucharadas migas de pan Panko
- vs. pimientos rojos en polvo
- 3 cucharadas nuez triturada
- 2 cucharadas. aceite de oliva virgen extra

Direcciones:

Prepare el horno a 420 F/215 C y use papel pergamino para forrar una bandeja para hornear con borde. En un bol, combine la mostaza, la ralladura de limón, el ajo, el jugo de limón, la miel, el romero, el pimiento rojo triturado y la sal. En otro bol mezcla las nueces, el panko y 1 cucharadita de aceite. Coloca papel pergamino en la bandeja para hornear y coloca encima el salmón.

Unte la mezcla de mostaza sobre el pescado y cubra con la mezcla de panko. Rocíe ligeramente el aceite de oliva restante sobre el salmón. Hornee durante unos 10 a 12 minutos o hasta que el salmón esté desmenuzado. Sirva caliente

Nutrición (por 100 g): 222 calorías 12 g de grasa 4 g de carbohidratos 0,8 g de proteína 812 mg de sodio

Espaguetis Rápidos Con Tomate

Tiempo de preparación: 10 minutos

Hora de cocinar: 25 minutos

Porciones: 4

Nivel de dificultad: Medio

Ingredientes:

- 8 onzas o 226,7 g de espaguetis
- 3 cucharadas aceite de oliva
- 4 dientes de ajo, rebanados
- 1 jalapeño, rebanado
- 2 habitaciones. tomates, cerezas
- Sal y pimienta
- 1 taza vinagre balsámico
- ½ cucharadita Parmesano rallado

Direcciones:

Hierva una olla grande con agua a fuego medio. Agrega una pizca de sal y lleva a ebullición y luego agrega los espaguetis. Dejar cocer durante 8 minutos. Mientras se cocina la pasta, calienta el aceite en una sartén y agrega el ajo y el chile jalapeño. Cocine por 1 minuto más y luego agregue los tomates, la pimienta y la sal.

Cocine de 5 a 7 minutos hasta que reviente la piel del tomate.

Agrega el vinagre y retira del fuego. Escurrir bien los espaguetis y mezclar con la salsa de tomate. Espolvorea con queso y sirve inmediatamente.

Nutrición (por 100 g): 298 calorías 13,5 g de grasa 10,5 g de carbohidratos 8 g de proteína 749 mg de sodio

Queso Al Horno Con Chile Y Orégano

Tiempo de preparación: 10 minutos

Hora de cocinar: 25 minutos

Porciones: 4

Nivel de dificultad: Fácil

Ingredientes:

- 8 onzas o 226,7 g de queso feta
- 4 onzas. o 113 g de mozzarella desmenuzada
- 1 chile en rodajas
- 1 taza Orégano seco
- 2 cucharadas. aceite de oliva

Direcciones:

Coloque el queso feta en una fuente pequeña y profunda para horno. Cubra con mozzarella y luego sazone con rodajas de pimiento y orégano. cubre tu olla con la tapa. Hornee en horno precalentado a 350 F/176 C durante 20 minutos. Sirve el queso y disfrútalo.

Nutrición (por 100 g): 292 Calorías 24,2 g Grasa 5,7 g Carbohidratos 2 g Proteína 733 mg Sodio

311. Pollo italiano crujiente

Tiempo de preparación: 10 minutos

Hora de cocinar: 30 minutos

Porciones: 4

Nivel de dificultad: Fácil

Ingredientes:

- 4 muslos de pollo
- 1 taza albahaca seca
- 1 taza Orégano seco
- Sal y pimienta
- 3 cucharadas aceite de oliva
- 1 cucharada. vinagre balsámico

Direcciones:

Sazone bien el pollo con albahaca y orégano. En una sartén añadir el aceite y calentar. Agrega el pollo al aceite caliente. Cocine cada lado durante 5 minutos hasta que estén dorados, luego cubra la sartén con una tapa.

Ajuste el fuego a medio y cocine durante 10 minutos por un lado, luego voltee el pollo varias veces y cocine por otros 10 minutos hasta que esté crujiente. Sirve el pollo y disfruta.

Nutrición (por 100 g): 262 Calorías 13,9 g Grasa 11 g Carbohidratos 32,6 g Proteína 693 mg Sodio

Paella de verduras

Tiempo de preparación: 25 minutos

Hora de cocinar: 45 minutos

Porciones: 6

Nivel de dificultad: Medio

Ingredientes:

- ¼ taza de aceite de oliva
- 1 cebolla dulce grande
- 1 pimiento rojo grande
- 1 pimiento verde grande
- 3 dientes de ajo, finamente picados
- 1 cucharadita de pimentón ahumado
- 5 hebras de azafrán
- 1 calabacín, cortado en cubos de ½ pulgada
- 4 tomates maduros grandes, pelados, sin semillas y picados
- 1½ tazas de arroz español de grano corto
- 3 tazas de caldo de verduras, calentado

Direcciones:

Precalienta el horno a 350°F. Cocina el aceite de oliva a fuego medio. Agregue la cebolla y los pimientos rojos y verdes y cocine por 10 minutos.

Incorporar el ajo, el pimentón, las hebras de azafrán, el calabacín y los tomates. Reduzca el fuego a medio-bajo y cocine por 10 minutos.

Agrega el arroz y el caldo de verduras. Aumenta el fuego para que la paella hierva. Enciende el fuego a medio-bajo y cocina por 15 minutos. Envuelve el molde con papel de aluminio y métalo al horno.

Hornee por 10 minutos o hasta que se absorba el caldo.

Nutrición (por 100 g): 288 calorías 10 g de grasa 46 g de carbohidratos 3 g de proteína 671 mg de sodio

Cazuela de berenjenas y arroz

Tiempo de preparación: 30 minutos

Hora de cocinar: 35 minutos

Porciones: 4

Nivel de dificultad: Difícil

Ingredientes:

- para la salsa
- ½ taza de aceite de oliva
- 1 cebolla pequeña, picada
- 4 dientes de ajo machacados
- 6 tomates maduros, pelados y picados
- 2 cucharadas de pasta de tomate
- 1 cucharadita de orégano seco
- ¼ cucharadita de nuez moscada molida
- ¼ cucharadita de comino molido
- para la cazuela
- 4 berenjenas japonesas (6 pulgadas), cortadas por la mitad a lo largo
- 2 cucharadas de aceite de oliva
- 1 taza de arroz cocido
- 2 cucharadas de piñones tostados
- 1 taza de agua

Direcciones:

hacer la salsa

Cuece el aceite de oliva en una cacerola de fondo grueso a fuego medio. Coloca la cebolla y cocina por 5 minutos. Agrega el ajo, los tomates, la pasta de tomate, el orégano, la nuez moscada y el comino. Llevar a ebullición, luego reducir el fuego a bajo y cocinar a fuego lento durante 10 minutos. Retirar y reservar.

hacer la cazuela

Precalienta la parrilla. Mientras la salsa hierve a fuego lento, rocía las berenjenas con aceite de oliva y colócalas en una bandeja para horno. Ase durante unos 5 minutos hasta que se doren. Retirar y dejar enfriar. Enciende el horno a 375°F. Coloque las berenjenas enfriadas, con el lado cortado hacia arriba, en una fuente para hornear de 9x13 pulgadas. Retire con cuidado un poco de pulpa para dejar espacio para el relleno.

En un bol mezcla la mitad de la salsa de tomate, el arroz cocido y los piñones. Rellena cada mitad de berenjena con la mezcla de arroz. En el mismo bol, mezcla el resto de la salsa de tomate y el agua. Vierta sobre la berenjena. Hornee tapado durante 20 minutos hasta que la berenjena esté tierna.

Nutrición (por 100 g): 453 calorías 39 g de grasa 29 g de carbohidratos 7 g de proteína 820 mg de sodio

Cuscús De Verduras

Tiempo de preparación: 15 minutos

Hora de cocinar: 45 minutos

Porciones: 8

Nivel de dificultad: Difícil

Ingredientes:

- ¼ taza de aceite de oliva
- 1 cebolla, picada
- 4 dientes de ajo, picados
- 2 chiles jalapeños, pinchados con un tenedor en varios lugares
- ½ cucharadita de comino molido
- ½ cucharadita de cilantro molido
- 1 lata (28 onzas) de tomates triturados
- 2 cucharadas de pasta de tomate
- 1/8 cucharadita de sal
- 2 hojas de laurel
- 11 tazas de agua, divididas
- 4 zanahorias
- 2 calabacines, cortados en trozos de 2 pulgadas
- 1 calabaza bellota, partida por la mitad, sin semillas y cortada en rodajas de 1 pulgada de grosor
- 1 lata (15 onzas) de garbanzos, escurridos y enjuagados
- ¼ de taza de limones en conserva picados (opcional)

- 3 tazas de cuscús

Direcciones:

Cuece el aceite de oliva en una cacerola de fondo grueso. Coloca la cebolla y cocina por 4 minutos. Agrega el ajo, los jalapeños, el comino y el cilantro. Cocine por 1 minuto. Agrega los tomates, la pasta de tomate, la sal, las hojas de laurel y 8 tazas de agua. Lleva la mezcla a ebullición.

Añade las zanahorias, el calabacín y la calabaza y deja que hierva nuevamente. Reduzca un poco el fuego, tape y cocine durante unos 20 minutos hasta que las verduras estén tiernas pero no blandas. Obtenga 2 tazas del líquido de cocción y reserve. Sazone según sea necesario.

Agregue los garbanzos y los limones en conserva (si los usa). Cocine por unos minutos y apague el fuego.

En una cacerola mediana, hierva las 3 tazas de agua restantes a fuego alto. Agrega el cuscús, tapa y apaga el fuego. Deja reposar el cuscús durante 10 minutos. Rocíe con 1 taza del líquido de cocción reservado. Con un tenedor, esponja el cuscús.

Montarlo en un plato grande. Espolvoréalo con el resto del jugo de cocción. Saca las verduras de la olla y colócalas encima. Sirva el guiso restante en un recipiente aparte.

Nutrición (por 100 g): 415 calorías 7 g de grasa 75 g de carbohidratos 9 g de proteína 718 mg de sodio

Kushari

Tiempo de preparación: 25 minutos

Hora de cocinar: 1 hora y 20 minutos

Porciones: 8

Nivel de dificultad: Difícil

Ingredientes:

- para la salsa
- 2 cucharadas de aceite de oliva
- 2 dientes de ajo, picados
- 1 lata (16 onzas) de salsa de tomate
- ¼ taza de vinagre blanco
- ¼ de taza de Harissa o comprada en la tienda
- 1/8 cucharadita de sal
- para el arroz
- 1 taza de aceite de oliva
- 2 cebollas, en rodajas finas
- 2 tazas de lentejas marrones secas
- 4 cuartos más ½ taza de agua, divididos
- 2 tazas de arroz de grano corto
- 1 cucharadita de sal
- 1 libra de pasta de codo corto
- 1 lata (15 onzas) de garbanzos, escurridos y enjuagados
-

Direcciones:

para hacer la salsa

En una cacerola cocinar el aceite de oliva. Dorar el ajo. Agregue la salsa de tomate, el vinagre, la harissa y la sal. Lleva la salsa a ebullición. Reduzca el fuego a bajo y cocine por 20 minutos o hasta que la salsa espese. Retirar y reservar.

para hacer el arroz

Preparar el plato con papel absorbente y reservar. En una sartén grande a fuego medio, calienta el aceite de oliva. Saltee las cebollas, revolviendo con frecuencia, hasta que estén crujientes y doradas. Transfiera las cebollas al plato preparado y reserve. Reserva 2 cucharadas de aceite de cocina. Reserva la sartén.

A fuego alto, combine las lentejas y 4 tazas de agua en una cacerola. Deje hervir y cocine por 20 minutos. Colar y mezclar con las 2 cucharadas de aceite de cocina reservadas. Poner a un lado. Reserva la olla.

Coloca la sartén que usaste para freír las cebollas a fuego medio-alto y agrega el arroz, 4½ tazas de agua y sal. Llevar a ebullición. Reduzca el fuego a bajo y cocine por 20 minutos. Apagar y dejar reposar durante 10 minutos. Hierva las 8 tazas restantes de agua con sal a fuego alto en la misma cacerola que usó para cocinar las lentejas. Agregue la pasta y cocine durante 6 minutos o según las instrucciones del paquete. Escurrir y reservar.

Armar

Vierta el arroz en una fuente para servir. Cúbrelo con lentejas, garbanzos y pasta. Rocíe con salsa de tomate picante y espolvoree con cebollas fritas crujientes.

Nutrición (por 100 g): 668 calorías 13 g de grasa 113 g de carbohidratos 18 g de proteína 481 mg de sodio

Bulgur con tomates y garbanzos

Tiempo de preparación: 10 minutos

Hora de cocinar: 35 minutos

Porciones: 6

Nivel de dificultad: Medio

Ingredientes:

- ½ taza de aceite de oliva
- 1 cebolla, picada
- 6 tomates cortados en cubitos o 1 lata de 16 onzas de tomates cortados en cubitos
- 2 cucharadas de pasta de tomate
- 2 tazas de agua
- 1 cucharada de Harissa o comprada en la tienda
- 1/8 cucharadita de sal
- 2 tazas de bulgur grueso
- 1 lata (15 onzas) de garbanzos, escurridos y enjuagados

Direcciones:

En una cacerola de fondo grueso a fuego medio, calienta el aceite de oliva. Dorar la cebolla luego agregar los tomates con su jugo y cocinar por 5 minutos.

Agregue la pasta de tomate, el agua, la harissa y la sal. Llevar a ebullición.

Añade el bulgur y los garbanzos. Vuelva a hervir la mezcla. Reduzca el fuego a bajo y cocine por 15 minutos. Dejar reposar 15 minutos antes de servir.

Nutrición (por 100 g): 413 calorías 19 g de grasa 55 g de carbohidratos 14 g de proteína 728 mg de sodio

Maccheroni de caballa

Tiempo de preparación: 10 minutos

Hora de cocinar: 15 minutos

Porciones: 4

Nivel de dificultad: Fácil

Ingredientes:

- Maccheroni de 12 onzas
- 1 diente de ajo
- Salsa de tomate 14oz
- 1 ramita de perejil picado
- 2 pimientos frescos
- 1 cucharadita de sal
- 7 oz de caballa en aceite
- 3 cucharadas de aceite de oliva virgen extra

Direcciones:

Empezamos poniendo a hervir el agua en un cazo. Mientras se calienta el agua, coge una sartén, vierte un poco de aceite y un poco de ajo y cocina a fuego lento. Una vez que el ajo esté cocido, retíralo de la sartén.

Abrir el pimiento, quitarle las semillas internas y cortarlo en tiras finas.

Agrega el agua de cocción y el chile a la misma sartén que antes. A continuación cogemos la caballa, y tras escurrir el aceite y separarla con un tenedor, la ponemos en la sartén con el resto de ingredientes. Dorarlo ligeramente añadiendo un poco de agua de cocción.

Cuando todos los ingredientes estén bien incorporados añadimos el puré de tomate a la sartén. Mezclar bien para igualar todos los ingredientes y cocinar a fuego lento durante unos 3 minutos.

Pasemos a la pasta:

Una vez que el agua empiece a hervir, agrega la sal y la pasta. Escurre los maccheroni una vez que estén ligeramente al dente y añádelos a la salsa que has preparado.

Dora unos instantes en la salsa y después de probar, añade sal y pimienta a tu gusto.

Nutrición (por 100 g): 510 calorías 15,4 g de grasa 70 g de carbohidratos 22,9 g de proteína 730 mg de sodio

Maccheroni con tomates cherry y anchoas

Tiempo de preparación: 10 minutos

Hora de cocinar: 15 minutos

Porciones: 4

Nivel de dificultad: Fácil

Ingredientes:

- Pasta Maccheroni 14oz
- 6 anchoas saladas
- 4 onzas de tomates cherry
- 1 diente de ajo
- 3 cucharadas de aceite de oliva virgen extra
- Chiles frescos al gusto
- 3 hojas de albahaca
- Sal al gusto

Direcciones:

Comienza calentando agua en un cazo y añadiendo sal cuando hierva. Mientras tanto, prepara la salsa: Coge los tomates después de lavarlos y córtalos en 4 trozos.

Ahora coge una sartén antiadherente, espolvorea un poco de aceite y echa en ella un diente de ajo. Una vez cocido, retíralo de la sartén. Agrega las anchoas limpias a la sartén, derrítelas en el aceite.

Cuando las anchoas estén bien disueltas, añadimos los trozos de tomate picado y subimos el fuego a alto, hasta que empiecen a ablandarse (con cuidado de que no se ablanden demasiado).

Agrega los pimientos picantes sin semillas, cortados en trozos pequeños y sazona.

Pasar la pasta a la olla con agua hirviendo, escurrirla hasta que esté al dente y dejar sofreír en la olla unos instantes.

Nutrición (por 100 g): 476 calorías 11 g de grasa 81,4 g de carbohidratos 12,9 g de proteína 763 mg de sodio

Risotto de limón y gambas

Tiempo de preparación: 10 minutos

Hora de cocinar: 30 minutos

Porciones: 4

Nivel de dificultad: Fácil

Ingredientes:

- 1 limon
- 14 oz de camarones pelados
- 1 ¾ taza de arroz para risotto
- 1 cebolla blanca
- 33 onzas líquidas oz (1 litro) de caldo de verduras (incluso menos es bueno)
- 2 ½ cucharadas de mantequilla
- ½ vaso de vino blanco
- Sal al gusto
- Pimienta negra al gusto
- cebollino al gusto

Direcciones:

Comience hirviendo los camarones en agua con sal durante 3-4 minutos, escúrralos y reserve.

Pelar y picar finamente una cebolla, sofreírla con mantequilla derretida y una vez seca la mantequilla tostar el arroz en la sartén unos minutos.

Desglasar el arroz con medio vaso de vino blanco y luego añadir el zumo de 1 limón. Remueve y termina de cocinar el arroz, continuando agregando una cucharada de caldo de verduras según sea necesario.

Mezclar bien y unos minutos antes de finalizar la cocción añadir los camarones previamente cocidos (guardar algunos para decorar) y un poco de pimienta negra.

Una vez apagado el fuego, añade una nuez de mantequilla y revuelve. El risotto está listo para servir. Decora con los camarones restantes y espolvorea con cebollino.

Nutrición (por 100 g): 510 calorías 10 g de grasa 82,4 g de carbohidratos 20,6 g de proteína 875 mg de sodio

Espaguetis con almejas

Tiempo de preparación: 10 minutos

Hora de cocinar: 40 minutos

Porciones: 4

Nivel de dificultad: Fácil

Ingredientes:

- 11,5 onzas de espaguetis
- 2 libras de almejas
- 7 oz de salsa de tomate, o pulpa de tomate, para la versión roja de este plato
- 2 dientes de ajo
- 4 cucharadas de aceite de oliva virgen extra
- 1 vaso de vino blanco seco
- 1 cucharada de perejil finamente picado
- 1 chile

Direcciones:

Comienza lavando las almejas: nunca "purgues" las almejas, sólo se deben abrir con calor, de lo contrario su preciado líquido interno se pierde con la arena. Lavar rápidamente las almejas utilizando un colador colocado en una ensaladera: esto filtrará la arena de las conchas.

A continuación, coloca inmediatamente las almejas escurridas en una cacerola con tapa a fuego alto. Dales la vuelta de vez en cuando, y cuando estén casi todas abiertas, retíralas del fuego. Las almejas que permanecen cerradas están muertas y hay que eliminarlas. Retiramos los mariscos de los abiertos, dejando algunos enteros para decorar los platos. Cuela el líquido que queda en el fondo de la cacerola y reserva.

Toma una sartén grande y vierte un poco de aceite en ella. Calentar un pimiento entero y uno o dos dientes de ajo machacados a fuego muy lento hasta que los dientes se pongan amarillentos. Agrega las almejas y sazona con vino blanco seco.

Añade ahora el líquido de las almejas previamente filtrado y un poco de perejil finamente picado.

Colar y echar inmediatamente los espaguetis al dente a la sartén, después de cocerlos en abundante agua con sal. Mezclar bien hasta que los espaguetis absorban todo el líquido de las almejas. Si no usaste ají, cúbrelo con una pizca ligera de pimienta blanca o negra.

Nutrición (por 100 g): 167 calorías 8 g de grasa 8,63 g de carbohidratos 5 g de proteína 720 mg de sodio

sopa de pescado griega

Tiempo de preparación: 10 minutos

Hora de cocinar: 60 minutos

Porciones: 4

Nivel de dificultad: Fácil

Ingredientes:

- Merluza u otro pescado blanco
- 4 patatas
- 4 cebolletas
- 2 zanahorias
- 2 tallos de apio
- 2 tomates
- 4 cucharadas de aceite de oliva virgen extra
- 2 huevos
- 1 limon
- 1 taza de arroz
- Sal al gusto

Direcciones:

Elija un pescado que no pese más de 2,2 libras, quítele las escamas, branquias e intestinos y lávelo bien. Salarlo y reservar.

Lavar las patatas, las zanahorias y las cebollas y ponerlas enteras en la cacerola con suficiente agua para remojar y luego llevar a ebullición.

Añade el apio todavía atado en manojos para que no se desparrame durante la cocción, corta los tomates en cuartos y añádelos también, con el aceite y la sal.

Cuando las verduras estén casi cocidas añadimos más agua y el pescado. Hervir durante 20 minutos y luego retirar del caldo con las verduras.

Coloca el pescado en una fuente para servir, decora con las verduras y cuela el caldo. Regresar el caldo al fuego diluyéndolo con un poco de agua. Una vez que hierva, agrega el arroz y sazona con sal. Una vez que el arroz esté cocido, retira la sartén del fuego.

Prepara la salsa avgolemono:

Batir bien los huevos y añadir poco a poco el zumo de limón. Poner un poco de caldo en un cucharón y verterlo lentamente en los huevos, revolviendo constantemente.

Finalmente, agrega la salsa resultante a la sopa y mezcla bien.

Nutrición (por 100 g): 263 Calorías 17,1 g Grasa 18,6 g Carbohidratos 9 g Proteína 823 mg Sodio

Arroz Venere con Camarones

Tiempo de preparación: 10 minutos

Hora de cocinar: 55 minutos

Porciones: 3

Nivel de dificultad: Fácil

Ingredientes:

- 1 ½ tazas de arroz negro Venere (mejor si es sancochado)
- 5 cucharaditas de aceite de oliva virgen extra
- 10,5 onzas de camarones
- 10,5 onzas de calabacín
- 1 limón (jugo y ralladura)
- Sal de mesa al gusto
- Pimienta negra al gusto
- 1 diente de ajo
- Tabasco al gusto

Direcciones:

Empecemos por el arroz:

Después de llenar una cacerola con abundante agua y llevarla a ebullición, vierte el arroz, agrega sal y cocina el tiempo necesario (consulta las instrucciones de cocción en el paquete).

Mientras tanto, ralla los calabacines con un rallador grueso. En una sartén calentar el aceite de oliva con el diente de ajo pelado, agregar el calabacín rallado, sal y pimienta, cocinar por 5 minutos, retirar el diente de ajo y reservar las verduras.

Ahora limpia los camarones:

Quitarles el caparazón, cortarles la cola, partirlos por la mitad a lo largo y quitarles el intestino (el hilo negro que les recorre el lomo). Coloque los camarones limpios en un bol y sazone con aceite de oliva; Dale un poco más de sabor añadiendo ralladura de limón, sal y pimienta y añadiendo unas gotas de Tabasco si quieres.

Calienta los camarones en una sartén caliente durante unos minutos. Una vez cocido, reservar.

Una vez que el arroz Venere esté listo, escúrrelo en un bol, agrega la mezcla de calabacín y revuelve.

Nutrición (por 100 g): 293 calorías 5 g de grasa 52 g de carbohidratos 10 g de proteína 655 mg de sodio

Pennette con Salmón y Vodka

Tiempo de preparación: 10 minutos

Hora de cocinar: 18 minutos

Porciones: 4

Nivel de dificultad: Fácil

Ingredientes:

- Pennette Rigate 14oz
- 7 onzas de salmón ahumado
- chalote 1.2oz
- 1,35 onzas oz (40 ml) de vodka
- 5 onzas de tomates cherry
- 7 oz de crema líquida fresca (recomiendo verdura para un plato más ligero)
- cebollino al gusto
- 3 cucharadas de aceite de oliva virgen extra
- Sal al gusto
- Pimienta negra al gusto
- Albahaca al gusto (para decorar)

Direcciones:

Lavar y cortar los tomates y el cebollino. Después de pelar la chalota, la picamos con un cuchillo, la ponemos en una cacerola y la dejamos macerar unos instantes en aceite de oliva virgen extra.

Mientras tanto, cortamos el salmón en tiras y lo doramos con el aceite y la chalota.

Mezclar todo con el vodka, con cuidado porque podría formarse una llama (si sube una llama, no te preocupes, bajará en cuanto el alcohol se haya evaporado por completo). Añade los tomates triturados y añade una pizca de sal y, si lo deseas, un poco de pimienta. Por último, añadimos la nata y el cebollino picado.

Mientras la salsa continúa cocinándose, prepara la pasta. En cuanto hierva el agua, añadir los pennettes y dejar cocer hasta que estén al dente.

Escurre la pasta y vierte los pinnettes en la salsa, dejándolos cocer unos instantes para que absorban todo el sabor. Si lo deseas, decora con una hoja de albahaca.

Nutrición (por 100 g): 620 Calorías 21,9 g Grasa 81,7 g Carbohidratos 24 g Proteína 326 mg Sodio

Carbonara de mariscos

Tiempo de preparación: 15 minutos

Hora de cocinar: 50 minutos

Porciones: 3

Nivel de dificultad: Fácil

Ingredientes:

- 11,5 onzas de espaguetis
- 3,5 onzas de atún
- 3,5 onzas de pez espada
- 3,5 onzas de salmón
- 6 yemas
- 4 cucharadas de parmesano (Parmigiano Reggiano)
- 2 onzas oz (60 ml) de vino blanco
- 1 diente de ajo
- Aceite de oliva virgen extra al gusto
- Sal de mesa al gusto
- Pimienta negra al gusto

Direcciones:

Preparar agua hirviendo en un cazo y añadir un poco de sal.

Mientras tanto, vierte 6 yemas de huevo en un bol y añade el parmesano rallado, la pimienta y la sal. Batir con unas varillas y diluir con un poco de agua de cocción de la cacerola.

Quitar las espinas al salmón, las escamas al pez espada y proceder a cortar en cubitos el atún, el salmón y el pez espada.

Una vez que hierva, agrega la pasta y cocina hasta que esté ligeramente al dente.

Mientras tanto, calentar un poco de aceite en una sartén grande, añadir el diente de ajo entero pelado. Una vez que el aceite esté caliente, agrega los cubos de pescado y saltea a fuego alto durante aproximadamente 1 minuto. Retirar los ajos y añadir el vino blanco.

Una vez que se haya evaporado el alcohol, saca los dados de pescado y baja el fuego. Una vez que los espaguetis estén listos, agrégalos a la sartén y saltea durante aproximadamente un minuto, revolviendo constantemente y agregando el agua de cocción, según sea necesario.

Vierta la mezcla de yemas de huevo y los cubitos de pescado. Mezclar bien. Atender.

Nutrición (por 100 g): 375 calorías 17 g de grasa 41,40 g de carbohidratos 14 g de proteína 755 mg de sodio

Garganelli con pesto de calabacín y gambas

Tiempo de preparación: 10 minutos

Hora de cocinar: 30 minutos

Porciones: 4

Nivel de dificultad: Medio

Ingredientes:

- 14 oz de Garganelli a base de huevo
- Para el pesto de calabacín:
- 7 oz de calabacín
- 1 taza de piñones
- 8 cucharadas (0,35 oz) de albahaca
- 1 cucharadita de sal de mesa
- 9 cucharadas de aceite de oliva virgen extra
- 2 cucharadas de parmesano rallado
- 1oz de Pecorino para rallar
- Para los camarones salteados:
- 8,8 onzas de camarones
- 1 diente de ajo
- 7 cucharaditas de aceite de oliva virgen extra
- Pizca de sal

Direcciones:

Empezamos preparando el pesto:

Después de lavar los calabacines, rallarlos, colocarlos en un colador (para que pierdan un poco de líquido sobrante) y salarlos ligeramente. Coloca en la licuadora los piñones, el calabacín y las hojas de albahaca. Agrega el parmesano rallado, el pecorino y el aceite de oliva virgen extra.

Mezclar todo hasta que esté cremoso, añadir una pizca de sal y reservar.

Pase a los camarones:

En primer lugar, retiramos el intestino cortando con un cuchillo el lomo de las gambas en toda su longitud y, con la punta del cuchillo, retiramos el hilo negro del interior.

Cocine el diente de ajo en una sartén antiadherente con aceite de oliva virgen extra. Cuando esté dorado retiramos los ajos y añadimos los camarones. Saltéalos durante unos 5 minutos a fuego medio, hasta que se forme una costra crujiente por fuera.

A continuación, hierve una olla con agua con sal y cocina los Garganelli. Reservar unas cucharadas de agua de cocción y escurrir la pasta hasta que esté al dente.

Pon los Garganelli en la sartén donde cocinaste los camarones. Cocer juntos un minuto, añadir una cucharada de agua de cocción y por último añadir el pesto de calabacín.

Mezclar todo bien para combinar la pasta con la salsa.

Nutrición (por 100 g): 776 calorías 46 g de grasa 68 g de carbohidratos 22,5 g de proteína 835 mg de sodio

risotto de salmón

Tiempo de preparación: 10 minutos

Hora de cocinar: 30 minutos

Porciones: 4

Nivel de dificultad: Medio

Ingredientes:

- 1 ¾ tazas (12,3 oz) de arroz
- 8,8 oz de filetes de salmón
- 1 puerro
- Aceite de oliva virgen extra al gusto
- 1 diente de ajo
- ½ vaso de vino blanco
- 3 ½ cucharadas de Grana Padano rallado
- sal al gusto
- Pimienta negra al gusto
- 17 onzas líquidas oz (500 ml) de caldo de pescado
- 1 taza de mantequilla

Direcciones:

Empieza limpiando el salmón y cortándolo en trozos pequeños. Cuece en una sartén 1 cucharada de aceite con un diente de ajo entero y dora el salmón durante 2/3 minutos, añade sal y reserva el salmón quitando el ajo.

Ahora empieza a preparar el risotto:

Cortar el puerro en trozos muy pequeños y cocer en una sartén a fuego lento con dos cucharadas de aceite. Agrega el arroz y cocina por unos segundos a fuego medio-alto, revolviendo con una cuchara de madera.

Agrega el vino blanco y continúa cocinando, removiendo de vez en cuando, procurando que el arroz no se pegue a la sartén, y agrega el caldo (de verduras o pescado) poco a poco.

A mitad de cocción añadimos el salmón, la mantequilla y una pizca de sal si es necesario. Cuando el arroz esté cocido, retira del fuego. Mezclar con unas cucharadas de Grana Padano rallado y servir.

Nutrición (por 100 g): 521 calorías 13 g de grasa 82 g de carbohidratos 19 g de proteína 839 mg de sodio

Pasta con tomate cherry y anchoas

Tiempo de preparación: 15 minutos

Hora de cocinar: 35 minutos

Porciones: 4

Nivel de dificultad: Fácil

Ingredientes:

- 10,5 onzas de espaguetis
- 1,3 libras de tomates cherry
- 9 oz de anchoas (prelimpias)
- 2 cucharadas de alcaparras
- 1 diente de ajo
- 1 cebolla morada pequeña
- perejil al gusto
- Aceite de oliva virgen extra al gusto
- Sal de mesa al gusto
- Pimienta negra al gusto
- Aceitunas negras al gusto

Direcciones:

Cortar el diente de ajo en rodajas finas.

Cortar los tomates cherry en 2. Pelar la cebolla y cortarla en rodajas finas.

Poner en una cacerola un poco de aceite con los ajos y la cebolla picada. Calienta todo a fuego medio durante 5 minutos; Revuelva de vez en cuando.

Una vez que todo esté bien aromatizado, añade los tomates cherry y una pizca de sal y pimienta. Cocine por 15 minutos. Mientras tanto, ponemos un cazo con agua al fuego y en cuanto hierva añadimos la sal y la pasta.

Una vez que la salsa esté casi lista, agrega las anchoas y cocina por unos minutos. Revuelva suavemente.

Apagar el fuego, picar el perejil y colocarlo en la sartén.

Cuando esté cocida, escurre la pasta y agrégala directamente a la salsa. Vuelve a encender el fuego durante unos segundos.

Nutrición (por 100 g): 446 calorías 10 g de grasa 66,1 g de carbohidratos 22,8 g de proteína 934 mg de sodio

Orecchiette con brócoli y salchicha

Tiempo de preparación: 10 minutos

Hora de cocinar: 32 minutos

Porciones: 4

Nivel de dificultad: Medio

Ingredientes:

- Orecchiette 11,5 onzas
- 10.5 Brócoli
- 10,5 onzas de salchicha
- 1,35 onzas oz (40 ml) de vino blanco
- 1 diente de ajo
- 2 ramitas de tomillo
- 7 cucharaditas de aceite de oliva virgen extra
- Pimienta negra al gusto
- Sal de mesa al gusto

Direcciones:

Llevar a ebullición la olla llena de agua y sal. Retire los floretes de brócoli del tallo y córtelos por la mitad o en 4 partes si son demasiado grandes; luego, ponerlos en agua hirviendo, tapar la cacerola y cocinar durante 6-7 minutos.

Mientras tanto, pique finamente el tomillo y reserve. Retire la tripa de la salchicha y use un tenedor para triturarla suavemente.

Dorar el diente de ajo con un poco de aceite de oliva y añadir la salchicha. Pasados unos segundos añadimos el tomillo y un poco de vino blanco.

Sin desechar el agua de la cocción, retira el brócoli cocido con una espumadera y agrégalo poco a poco a la carne. Cocine todo durante 3-4 minutos. Retire el ajo y agregue una pizca de pimienta negra.

Deja hervir el agua donde cocinaste el brócoli, luego agrega la pasta y deja cocinar. Una vez cocida la pasta, escúrrela con una espumadera y transfiérala directamente a la salsa de brócoli y salchicha. Luego mezcla bien, añade pimienta negra y sofríe todo en la sartén durante unos minutos.

Nutrición (por 100 g): 683 calorías 36 g de grasa 69,6 g de carbohidratos 20 g de proteína 733 mg de sodio

Risotto con achicoria y tocino ahumado

Tiempo de preparación: 10 minutos

Hora de cocinar: 30 minutos

Porciones: 3

Nivel de dificultad: Medio

Ingredientes:

- 1 ½ tazas de arroz
- 14 oz de achicoria
- 5,3 oz de tocino ahumado
- 34 onzas líquidas oz (1l) de caldo de verduras
- 3,4 onzas oz (100 ml) de vino tinto
- 7 cucharaditas de aceite de oliva virgen extra
- 1,7 onzas de chalotes
- Sal de mesa al gusto
- Pimienta negra al gusto
- 3 ramitas de tomillo

Direcciones:

Empecemos preparando el caldo de verduras.

Empezamos por la achicoria: la cortamos por la mitad y le quitamos la parte central (la parte blanca). Córtelo en tiras, enjuáguelo bien y reserve. Corta también el tocino ahumado en tiras finas.

Picar finamente la chalota y colocarla en una sartén con un poco de aceite. Dejamos cocer a fuego medio añadiendo un cazo de caldo, después añadimos el tocino y dejamos que se dore.

Después de unos 2 minutos, agregue el arroz y las tostadas, revolviendo con frecuencia. En este punto, vierte el vino tinto a fuego alto.

Una vez que se haya evaporado todo el alcohol, continuamos cocinando añadiendo un cucharón de caldo a la vez. Deja secar el anterior antes de añadir otro, hasta que esté completamente cocido. Agrega sal y pimienta negra (esto depende de cuánto decidas agregar).

Al final de la cocción, agregue las tiras de achicoria. Mézclalos bien hasta que se mezclen con el arroz, pero no los cocines. Agrega el tomillo picado.

Nutrición (por 100 g): 482 Calorías 17,5 g Grasa 68,1 g Carbohidratos 13 g Proteína 725 mg Sodio

Pasta de bizcocho

Tiempo de preparación: 10 minutos

Hora de cocinar: 25 minutos

Porciones: 3

Nivel de dificultad: Medio

Ingredientes:

- 11,5 onzas de Ziti
- 1 libra de carne de res
- 2,2 libras de cebollas doradas
- 2 onzas de apio
- 2 onzas de zanahorias
- 1 manojo de perejil
- 3,4 onzas oz (100 ml) de vino blanco
- Aceite de oliva virgen extra al gusto
- Sal de mesa al gusto
- Pimienta negra al gusto
- parmesano al gusto

Direcciones:

Para preparar la pasta empezamos con:

Pelar y cortar en rodajas finas las cebollas y las zanahorias. A continuación, lava y pica finamente el apio (no tires las hojas, que también conviene picarlas y reservarlas). Luego pasa a la carne, límpiala del exceso de grasa y córtala en 5/6 trozos grandes.

Finalmente, ate las hojas de apio y la ramita de perejil con hilo de cocina para crear un ramo fragante.

Vierte abundante aceite en una cacerola grande. Agrega la cebolla, el apio y la zanahoria (que previamente habías reservado) y déjalos cocer unos minutos.

Luego añade los trozos de carne, una pizca de sal y el fragante bouquet. Revuelva y cocine por unos minutos. Luego baja el fuego y tapa con una tapa.

Cocine durante al menos 3 horas (no agregue agua ni caldo ya que las cebollas soltarán todo el líquido necesario para evitar que se seque el fondo de la sartén). De vez en cuando revisa todo y revuelve.

Pasadas las 3 horas de cocción, retiramos el manojo de hierbas, subimos un poco el fuego, añadimos un poco de vino y removemos.

Cocine la carne descubierta durante aproximadamente una hora, revolviendo con frecuencia y agregando el vino cuando se seque el fondo de la sartén.

En este punto, toma un trozo de carne, córtalo en rodajas sobre una tabla de cortar y reserva. Picar los ziti y cocerlos en agua hirviendo con sal.

Una vez cocido, escurrirlo y devolverlo a la sartén. Vierta unas cucharadas de agua de cocción y revuelva. Colocar en un plato y añadir un poco de salsa y carne desmenuzada (la reservada en el paso 7). Agrega pimienta y parmesano rallado al gusto.

Nutrición (por 100 g): 450 calorías 8 g de grasa 80 g de carbohidratos 14,5 g de proteína 816 mg de sodio

Pasta de coliflor de Nápoles

Tiempo de preparación: 15 minutos

Hora de cocinar: 35 minutos

Porciones: 3

Nivel de dificultad: Medio

Ingredientes:

- 10,5 onzas de pasta
- 1 coliflor
- 3,4 onzas oz (100 ml) de puré de tomate
- 1 diente de ajo
- 1 chile
- 3 cucharadas de aceite de oliva virgen extra (o cucharaditas)
- Sal al gusto
- Pimienta al gusto

Direcciones:

Limpiar bien la coliflor: quitarle las hojas exteriores y el tallo. Córtelo en pequeños ramos.

Pelar el diente de ajo, picarlo y dorarlo en una sartén con el aceite y la guindilla.

Agrega el puré de tomate y los floretes de coliflor y deja que se doren unos minutos a fuego medio, luego cubre con unos cazos de agua y cocina durante 15-20 minutos o al menos hasta que la flor de coliflor comience a ponerse cremosa.

Si ves que el fondo de la cacerola está demasiado seco, agrega tanta agua como sea necesario para mantener la mezcla líquida.

En este punto, cubrimos la coliflor con agua caliente y, una vez hirviendo, añadimos la pasta.

Condimentar con sal y pimienta.

Nutrición (por 100 g): 458 calorías 18 g de grasa 65 g de carbohidratos 9 g de proteína 746 mg de sodio

Pasta e Fagioli con naranja e hinojo

Tiempo de preparación: 10 minutos
Hora de cocinar: 30 minutos
Porciones: 5
Nivel de dificultad: Dificultad

Ingredientes:

- Aceite de oliva virgen extra – 1 cucharada. más extra por el servicio
- Pancetta – 2 onzas, finamente picada
- Cebolla – 1, finamente picada
- Hinojo: 1 bulbo, sin tallos, bulbo cortado por la mitad, sin semillas y finamente picado
- Apio – 1 costilla, en rodajas
- Ajo – 2 dientes, picados
- Filetes de anchoa – 3, enjuagados y cortados en rodajas
- Orégano fresco picado - 1 cucharada.
- Ralladura de naranja – 2 cucharadas.
- Semillas de hinojo – ½ cucharadita.
- Hojuelas de pimiento rojo – ¼ de cucharadita.
- Tomates cortados en cubitos - 1 lata (28 onzas)
- Queso parmesano: 1 corteza y más para servir
- Frijoles Cannellini – 1 lata de 7 onzas, enjuagados
- Caldo de pollo – 2 ½ tazas
- Agua – 2 ½ tazas

- Sal y pimienta
- Orzo – 1 taza
- Perejil fresco picado – ¼ de taza

Direcciones:

Calienta el aceite en una olla a fuego medio. Agrega la panceta. Saltee de 3 a 5 minutos o hasta que comience a dorarse. Agregue el apio, el hinojo y la cebolla y saltee hasta que se ablanden (aproximadamente de 5 a 7 minutos).

Agregue las hojuelas de chile, las semillas de hinojo, la ralladura de naranja, el orégano, las anchoas y el ajo. Cocine por 1 minuto. Agrega los tomates y su jugo. Agregue la ralladura de parmesano y los frijoles.

Llevar a fuego lento y cocinar durante 10 minutos. Agregue el agua, el caldo y 1 cucharada. sal. Déjalo hervir a fuego alto. Agrega la pasta y cocina hasta que esté al dente.

Retirar del fuego y desechar la ralladura de parmesano.

Agrega el perejil y sazona con sal y pimienta al gusto. Rociar con un poco de aceite de oliva y espolvorear con parmesano rallado. Atender.

Nutrición (por 100 g): 502 Calorías 8,8 g Grasa 72,2 g Carbohidratos 34,9 g Proteína 693 mg Sodio

Espaguetis De Lima

Tiempo de preparación: 10 minutos
Hora de cocinar: 15 minutos
Porciones: 6
Nivel de dificultad: Fácil

Ingredientes:

- Aceite de oliva virgen extra – ½ taza
- Ralladura de limón – 2 cucharadas.
- Jugo de limón – 1/3 taza
- Ajo – 1 diente, picado en una pasta
- Sal y pimienta
- Queso parmesano – 2 onzas, rallado
- Espaguetis – 1 libra
- Albahaca fresca rallada - 6 cucharadas.

Direcciones:

En un bol, mezcle el ajo, el aceite, la ralladura de limón, el jugo y ½ cucharadita. sal y c. pimienta. Agrega el parmesano y mezcla hasta que esté cremoso.

Mientras tanto, cocine la pasta según las instrucciones del paquete. Escurrir y reservar ½ taza de agua de cocción. Agregue la mezcla de aceite y albahaca a la pasta y revuelva para combinar. Sazona bien y añade el agua de cocción si es necesario. Atender.

Nutrición (por 100 g): 398 Calorías 20,7 g Grasa 42,5 g Carbohidratos 11,9 g Proteína 844 mg Sodio

Cuscús De Verduras Picante

Tiempo de preparación: 10 minutos
Hora de cocinar: 20 minutos
Porciones: 6
Nivel de dificultad: Difícil

Ingredientes:

- Coliflor – 1 cabeza, cortada en floretes de 1 pulgada
- Aceite de oliva virgen extra – 6 cucharadas. más extra por el servicio
- Sal y pimienta
- Cuscús – 1 ½ tazas
- Calabacín – 1, cortado en trozos de ½ pulgada
- Pimiento rojo - 1, pelado, sin semillas y cortado en trozos de ½ pulgada
- Ajo – 4 dientes, picados
- Ras el hanout – 2 cucharadas.
- Ralladura de limón -1 cucharada. más rodajas de limón para servir
- Caldo de pollo – 1 ¾ taza
- Mejorana fresca picada – 1 cucharada.

Direcciones:

En una sartén calentar 2 cucharadas. aceite a fuego medio. Agrega las coliflores, ¾ cucharadita. sal y ½ cucharadita. pimienta. Mezcla.

Cocine hasta que los floretes se doren y los bordes estén apenas traslúcidos.

Retire la tapa y cocine, revolviendo, durante 10 minutos o hasta que los floretes estén dorados. Transfiera a un bol y limpie la sartén. Calienta 2 cucharadas. aceite en la sartén.

Agrega el cuscús. Cocine y continúe revolviendo durante 3 a 5 minutos, o hasta que los granos comiencen a dorarse. Transfiera a un bol y limpie la sartén. Calienta las 3 cucharadas. cucharadas restantes. aceite a la sartén y agregue el pimiento, el calabacín y ½ cucharadita. sal. Cocine por 8 minutos.

Agrega la ralladura de limón, el ras el hanout y el ajo. Cocine hasta que esté fragante (unos 30 segundos). Colocar en caldo y dejar cocinar a fuego lento. Agrega el cuscús. Retirar del fuego y reservar hasta que estén tiernos.

Agrega la mejorana y la coliflor; luego revuelva suavemente con un tenedor para incorporar. Rocíe con aceite adicional y sazone bien. Servir con rodajas de limón.

Nutrición (por 100 g): 787 Calorías 18,3 g Grasa 129,6 g Carbohidratos 24,5 g Proteína 699 mg Sodio

Arroz al horno con hinojo picante

Tiempo de preparación: 10 minutos
Hora de cocinar: 45 minutos
Porciones: 8
Nivel de dificultad: Medio

Ingredientes:

- Batatas – 1 ½ libras, peladas y cortadas en trozos de 1 pulgada
- Aceite de oliva virgen extra – ¼ de taza
- Sal y pimienta
- Hinojo – 1 bulbo, finamente picado
- Cebolla pequeña – 1, finamente picada
- Arroz blanco de grano largo – 1 ½ tazas, enjuagado
- Ajo – 4 dientes, picados
- Ras el hanout – 2 cucharadas.
- Caldo de pollo – 2 tazas
- Aceitunas verdes grandes encurtidas y sin hueso – ¾ de taza, cortadas por la mitad
- Cilantro fresco picado – 2 cucharadas.
- Rodajas de limón

Direcciones:

Coloque la rejilla del horno en el medio y precaliente el horno a 400F. Mezclar las patatas con ½ cucharadita. sal y 2 cucharadas. aceite.

Coloque las papas en una sola capa sobre una bandeja para hornear con borde y ase durante 25 a 30 minutos o hasta que estén tiernas. Remueve las patatas a mitad de la cocción.

Retire las patatas y baje la temperatura del horno a 350F. En una olla, caliente las 2 cucharadas. aceite a fuego medio.

Agrega la cebolla y el hinojo; Luego cocine de 5 a 7 minutos o hasta que se ablanden. Agrega el ras el hanout, el ajo y el arroz. Saltee durante 3 minutos.

Agrega las aceitunas y el caldo y deja reposar durante 10 minutos. Agrega las papas al arroz y revuelve suavemente con un tenedor para combinar. Sazone con sal y pimienta al gusto. Adorne con cilantro y sirva con rodajas de lima.

Nutrición (por 100 g): 207 Calorías 8,9 g Grasa 29,4 g Carbohidratos 3,9 g Proteína 711 mg Sodio

Cuscús marroquí con garbanzos

Tiempo de preparación: 5 minutos
Hora de cocinar: 18 minutos
Porciones: 6
Nivel de dificultad: Medio

Ingredientes:

- Aceite de oliva virgen extra - ¼ de taza, extra para servir
- Cuscús – 1 ½ tazas
- Zanahorias finamente peladas y picadas – 2
- Cebolla finamente picada – 1
- Sal y pimienta
- Ajo – 3 dientes, picados
- Cilantro molido – 1 cucharada.
- Jengibre molido - cucharadita.
- Semilla de anís molida – ¼ de cucharadita.
- Caldo de pollo – 1 ¾ taza
- Garbanzos - 1 lata (15 onzas), enjuagados
- Guisantes congelados – 1 ½ tazas
- Perejil o cilantro fresco picado – ½ taza
- Rodajas de limón

Direcciones:

Calienta 2 cucharadas. aceite en una sartén a fuego medio. Agregue el cuscús y cocine de 3 a 5 minutos, o hasta que empiece a dorarse. Transfiera a un bol y limpie la sartén.

Calienta las 2 cucharadas. aceite a la sartén y agregue la cebolla, las zanahorias y 1 cucharada. sal. Cocine de 5 a 7 minutos. Agrega el anís, el jengibre, el cilantro y el ajo. Cocine hasta que esté fragante (unos 30 segundos).

Mezclar los garbanzos y el caldo y llevar a ebullición. Añade el cuscús y los guisantes. Cubrir y retirar del fuego. Reservar hasta que el cuscús esté tierno.

Agregue perejil al cuscús y revuelva con un tenedor para combinar. Agrega un poco de aceite y sazona bien. Servir con rodajas de limón.

Nutrición (por 100 g): 649 Calorías 14,2 g Grasa 102,8 g Carbohidratos 30,1 g Proteína 812 mg Sodio

Paella vegetariana con judías verdes y garbanzos

Tiempo de preparación: 10 minutos
Hora de cocinar: 35 minutos
Porciones: 4
Nivel de dificultad: Fácil

Ingredientes:

- Una pizca de azafrán
- Caldo de verduras – 3 tazas
- Aceite de oliva - 1 cucharada.
- Cebolla amarilla – 1 grande, cortada en cubitos
- Ajo – 4 dientes, rebanados
- Pimiento rojo – 1, cortado en cubitos
- Tomates triturados – ¾ de taza, frescos o enlatados
- Pasta de tomate - 2 cucharadas.
- Pimentón picante – 1 ½ cucharadita.
- Sal – 1 cucharadita.
- Pimienta negra recién molida – ½ cucharadita.
- Judías verdes – 1 ½ tazas, cortadas y cortadas por la mitad
- Garbanzos – 1 lata (15 onzas), escurridos y enjuagados
- Arroz blanco de grano corto – 1 taza
- Limón – 1, cortado en cuartos

Direcciones:

Mezclar las hebras de azafrán con 3 cucharadas. agua caliente en un tazón pequeño. En una cacerola, hierva el agua a fuego medio. Reducir el fuego y dejar cocinar a fuego lento.

Cuece el aceite en una sartén a fuego medio. Agrega la cebolla y saltea durante 5 minutos. Agrega la pimienta y el ajo y saltea durante 7 minutos o hasta que la pimienta se ablande. Agrega la mezcla de azafrán y agua, sal, pimienta, pimentón, pasta de tomate y tomates.

Agrega el arroz, los garbanzos y las judías verdes. Agregue el caldo caliente y deje hervir. Reduzca el fuego y cocine a fuego lento sin tapar durante 20 minutos.

Sirva caliente, adornado con rodajas de limón.

Nutrición (por 100 g): 709 calorías 12 g de grasa 121 g de carbohidratos 33 g de proteína 633 mg de sodio

Camarones al ajillo con tomate y albahaca

Tiempo de preparación: 10 minutos

Hora de cocinar: 10 minutos

Porciones: 4

Nivel de dificultad: Fácil

Ingredientes:

- Aceite de oliva - 2 cucharadas.
- Camarones – 1 ¼ libras, pelados y desvenados
- Ajo – 3 dientes, picados
- Hojuelas de pimiento rojo triturado – 1/8 cucharadita.
- Vino blanco seco – ¾ taza
- Tomates uva – 1 ½ tazas
- Albahaca fresca finamente picada – ¼ de taza, y más para decorar
- Sal – ¾ cucharadita.
- Pimienta negra molida – ½ cucharadita.

Direcciones:

En una sartén, calienta el aceite a fuego medio-alto. Agrega los camarones y cocina por 1 minuto o hasta que estén cocidos. Transfiera a un plato.

Coloque las hojuelas de pimiento rojo y el ajo en aceite en una sartén y cocine, revolviendo, durante 30 segundos. Agregue el vino y cocine hasta que se reduzca aproximadamente a la mitad.

Agregue los tomates y saltee hasta que comiencen a descomponerse (aproximadamente de 3 a 4 minutos). Agregue los camarones reservados, la sal, la pimienta y la albahaca. Cocine de 1 a 2 minutos más.

Sirva adornado con la albahaca restante.

Nutrición (por 100 g): 282 calorías 10 g de grasa 7 g de carbohidratos 33 g de proteína 593 mg de sodio

paella de gambas

Tiempo de preparación: 10 minutos
Hora de cocinar: 25 minutos
Porciones: 4
Nivel de dificultad: Medio

Ingredientes:

- Aceite de oliva - 2 cucharadas.
- Cebolla mediana – 1, cortada en cubitos
- Pimiento rojo – 1, cortado en cubitos
- Ajo – 3 dientes, picados
- Una pizca de azafrán
- Pimentón picante – ¼ de cucharadita.
- Sal – 1 cucharadita.
- Pimienta negra recién molida – ½ cucharadita.
- Caldo de pollo – 3 tazas, divididas
- Arroz blanco de grano corto - 1 taza
- Camarones grandes, pelados y desvenados – 1 libra
- Guisantes congelados – 1 taza, descongelados

Direcciones:

Calienta el aceite de oliva en una sartén. Agregue la cebolla y el pimiento y saltee durante 6 minutos o hasta que se ablanden. Agrega sal, pimienta, pimentón, azafrán y ajo y mezcla. Agrega 2 ½ tazas de caldo y el arroz.

Deje que la mezcla hierva, luego cocine a fuego lento hasta que el arroz esté cocido, aproximadamente 12 minutos. Acomoda los camarones y los guisantes sobre el arroz y agrega la ½ taza de caldo restante.

Vuelva a colocar la tapa en la sartén y cocine hasta que todos los camarones estén bien cocidos (aproximadamente 5 minutos). Atender.

Nutrición (por 100 g): 409 calorías 10 g de grasa 51 g de carbohidratos 25 g de proteína 693 mg de sodio

Ensalada de lentejas con aceitunas, menta y queso feta

Tiempo de preparación: 60 minutos
Hora de cocinar: 60 minutos
Porciones: 6
Nivel de dificultad: Medio

Ingredientes:

- Sal y pimienta
- Lentejas francesas – 1 taza, recogidas y enjuagadas
- Ajo – 5 dientes, ligeramente machacados y pelados
- hoja de laurel – 1
- Aceite de oliva virgen extra – 5 cucharadas.
- Vinagre de vino blanco - 3 cucharadas.
- Aceitunas Kalamata deshuesadas – ½ taza, picadas
- Menta fresca picada – ½ taza
- Chalote – 1 grande, picado
- Queso feta - 1 onza, desmenuzado

Direcciones:

Agrega 4 tazas de agua tibia y 1 cucharadita. sal en un bol. Agrega las lentejas y deja en remojo a temperatura ambiente durante 1 hora. Escurrir bien.

Coloque la rejilla del horno en el medio y caliente el horno a 325F. Combine las lentejas, 4 tazas de agua, el ajo, la hoja de laurel y ½ cucharadita. sal en una cacerola. Tapa y coloca la fuente en el horno y cocina de 40 a 60 minutos, o hasta que las lentejas estén tiernas.

Escurrir bien las lentejas, desechar el ajo y el laurel. En un tazón grande, mezcle el aceite y el vinagre. Agregue la chalota, la menta, las aceitunas y las lentejas y revuelva para combinar.

Sazone con sal y pimienta al gusto. Colóquelos bien en la fuente para servir y decore con queso feta. Atender.

Nutrición (por 100 g): 249 Calorías 14,3 g Grasa 22,1 g Carbohidratos 9,5 g Proteína 885 mg Sodio

Garbanzos con ajo y perejil

Tiempo de preparación: 5 minutos
Hora de cocinar: 20 minutos
Porciones: 6
Nivel de dificultad: Medio

Ingredientes:

- Aceite de oliva virgen extra – ¼ de taza
- Ajo – 4 dientes, en rodajas finas
- Hojuelas de pimiento rojo – 1/8 cucharadita.
- Cebolla - 1, picada
- Sal y pimienta
- Garbanzos – 2 latas de 15 onzas, enjuagadas
- Caldo de pollo – 1 taza
- Perejil fresco picado – 2 cucharadas.
- Jugo de limón – 2 cucharadas.

Direcciones:

En una sartén, agrega 3 cucharadas. aceite y cocine el ajo y las hojuelas de chile durante 3 minutos. Agregue la cebolla y ¼ de cucharadita. agregue sal y cocine de 5 a 7 minutos.

Agrega los garbanzos y el caldo y deja hervir. Reduzca el fuego y cocine a fuego lento durante 7 minutos, tapado.

Destape y ajuste el fuego a alto y cocine por 3 minutos, o hasta que todo el líquido se haya evaporado. Reserva y agrega el jugo de limón y el perejil.

Sazone con sal y pimienta al gusto. Rocíe con 1 cucharada. aceite y servir.

Nutrición (por 100 g): 611 Calorías 17,6 g Grasa 89,5 g Carbohidratos 28,7 g Proteína 789 mg Sodio

Compota de garbanzos con berenjenas y tomates

Tiempo de preparación: 10 minutos
Hora de cocinar: 60 minutos
Porciones: 6
Nivel de dificultad: Fácil

Ingredientes:

- Aceite de oliva virgen extra – ¼ de taza
- Cebollas – 2, picadas
- Pimiento verde – 1, finamente picado
- Sal y pimienta
- Ajo – 3 dientes, picados
- Orégano fresco picado - 1 cucharada.
- Hojas de laurel – 2
- Berenjena – 1 libra, cortada en trozos de 1 pulgada
- Tomates enteros pelados – 1 lata, escurridos con el jugo reservado, picados
- Garbanzos: 2 latas (15 onzas), escurridas con 1 taza del líquido reservado

Direcciones:

Coloque la rejilla del horno en la sección media inferior y caliente el horno a 400F. Calienta el aceite en la olla. Agrega el pimiento, la cebolla, ½ cucharadita. sal y ¼ de cucharadita. pimienta. Saltee durante 5 minutos.

Agrega 1 cucharada. orégano, ajo y hojas de laurel y cocinar por 30 segundos. Agregue los tomates, las berenjenas, el jugo reservado, los garbanzos y el líquido reservado y deje hervir. Transfiera el molde al horno y hornee, sin tapar, durante 45 a 60 minutos. Revolviendo dos veces.

Deseche las hojas de laurel. Incorpora las 2 cdas. orégano y sazonar con sal y pimienta. Atender.

Nutrición (por 100 g): 642 Calorías 17,3 g Grasa 93,8 g Carbohidratos 29,3 g Proteína 983 mg Sodio

Arroz Griego Al Limón

Tiempo de preparación: 20 minutos

Hora de cocinar: 45 minutos

Porciones: 6

Nivel de dificultad: Medio

Ingredientes:

- Arroz de grano largo: 2 tazas, crudo (remojado en agua fría durante 20 minutos y luego escurrido)
- Aceite de oliva virgen extra – 3 cucharadas.
- Cebolla amarilla – 1 mediana, picada
- Ajo – 1 diente, picado
- Pasta Orzo – ½ taza
- Jugo de 2 limones, más ralladura de 1 limón
- Caldo bajo en sodio – 2 tazas
- Pizca de sal
- Perejil picado – 1 puñado grande
- Eneldo – 1 cucharada.

Direcciones:

En una cacerola calentar 3 cucharadas. Aceite de oliva virgen extra. Agrega las cebollas y saltea durante 3 a 4 minutos. Agregue la pasta orzo y el ajo y revuelva para combinar.

Luego agrega el arroz para cubrirlo. Agrega el caldo y el jugo de limón. Llevar a ebullición y reducir el fuego. Tapar y cocinar durante unos 20 minutos.

Retirar del fuego. Cubra y reserve durante 10 minutos. Destape y agregue la ralladura de limón, el eneldo y el perejil. Atender.

Nutrición (por 100 g): 145 Calorías 6,9 g Grasa 18,3 g Carbohidratos 3,3 g Proteína 893 mg Sodio

Arroz con ajo y hierbas

Tiempo de preparación: 10 minutos

Hora de cocinar: 30 minutos

Porciones: 4

Nivel de dificultad: Fácil

Ingredientes:

- Aceite de oliva virgen extra – ½ taza, cantidad dividida
- Dientes de ajo grandes – 5, picados
- Arroz integral jazmín – 2 tazas
- Agua – 4 tazas
- Sal marina – 1 cucharadita.
- Pimienta negra – 1 cucharadita.
- Cebollino fresco picado – 3 cucharadas.
- Perejil fresco picado – 2 cucharadas.
- Albahaca fresca picada – 1 cucharada.

Direcciones:

En una cacerola, agrega una taza de aceite de oliva, el ajo y el arroz. Revuelve y calienta a fuego medio. Agregue el agua, la sal marina y la pimienta negra. Luego mezcle nuevamente.

Llevar a ebullición y reducir el fuego. Dejar cocer a fuego lento, sin tapar, revolviendo de vez en cuando.

Cuando el agua esté casi absorbida, mezcla el aceite de oliva restante con la albahaca, el perejil y el cebollino.

Revuelve hasta que se incorporen las hierbas y se absorba toda el agua.

Nutrición (por 100 g): 304 Calorías 25,8 g Grasa 19,3 g Carbohidratos 2 g Proteína 874 mg Sodio

Ensalada Mediterránea De Arroz

Tiempo de preparación: 10 minutos

Hora de cocinar: 25 minutos

Porciones: 4

Nivel de dificultad: Medio

Ingredientes:

- Aceite de oliva virgen extra – ½ taza, cantidad dividida
- Arroz integral de grano largo – 1 taza
- Agua – 2 tazas
- Jugo de limón fresco – ¼ de taza
- Diente de ajo – 1, picado
- Romero fresco picado – 1 cucharada.
- Menta fresca picada – 1 cucharada.
- Endibias belgas – 3, picadas
- Pimiento rojo – 1 mediano, picado
- Pepino de invernadero – 1, picado
- Cebolla verde entera picada – ½ taza
- Aceitunas Kalamata picadas – ½ taza
- Hojuelas de pimiento rojo – ¼ de cucharadita.
- Queso feta desmenuzado – ¾ taza
- Sal marina y pimienta negra

Direcciones:

Calienta ¼ de taza de aceite de oliva, el arroz y una pizca de sal en una cacerola a fuego lento. Revuelva para cubrir el arroz. Añade el agua y cocina a fuego lento hasta que se absorba el agua.
Removiendo de vez en cuando. Vierta el arroz en un bol grande y déjelo enfriar.

En otro tazón, combine el ¼ de taza de aceite de oliva restante, las hojuelas de pimiento rojo, las aceitunas, la cebolla verde, el pepino, el pimiento morrón, la escarola, la menta, el romero, el ajo y el jugo de limón.

Coloque el arroz en la mezcla y revuelva para combinar. Incorpora suavemente el queso feta.

Prueba y ajusta el sazón. Atender.

Nutrición (por 100 g): 415 calorías 34 g de grasa 28,3 g de carbohidratos 7 g de proteína 4755 mg de sodio

Ensalada de frijoles frescos y atún

Tiempo de preparación: 5 minutos
Hora de cocinar: 20 minutos
Porciones: 6
Nivel de dificultad: Fácil

Ingredientes:

- Frijoles frescos sin cáscara (pelados) – 2 tazas
- Hojas de laurel – 2
- Aceite de oliva virgen extra – 3 cucharadas.
- Vinagre de vino tinto - 1 cucharada.
- Sal y pimienta negra
- Atún de la mejor calidad: 1 lata de 6 onzas, envasada en aceite de oliva
- Alcaparras saladas – 1 cucharada. empapado y seco
- Perejil de hoja plana finamente picado – 2 cucharadas.
- Cebolla morada – 1, en rodajas

Direcciones:

Hervir agua ligeramente salada en una cacerola. Agrega los frijoles y las hojas de laurel; Luego cocine de 15 a 20 minutos, o hasta que los frijoles estén tiernos pero aún firmes. Escurrir, desechar los aromáticos y transferir a un bol.

Sazone inmediatamente los frijoles con vinagre y aceite. Agrega sal y pimienta negra. Mezclar bien y ajustar la sazón. Escurre el atún y desmenuza la carne del atún en la ensalada de frijoles. Agrega el perejil y las alcaparras. Revuelva para combinar y esparza las rodajas de cebolla morada encima. Atender.

Nutrición (por 100 g): 85 calorías 7,1 g de grasa 4,7 g de carbohidratos 1,8 g de proteína 863 mg de sodio

Deliciosa pasta con pollo

Tiempo de preparación: 10 minutos
Hora de cocinar: 17 minutos
Porciones: 4
Nivel de dificultad: Fácil

Ingredientes:

- 3 pechugas de pollo, sin piel, deshuesadas y cortadas en trozos
- 9 onzas de pasta integral
- 1/2 taza de aceitunas, en rodajas
- 1/2 taza de tomates secados al sol
- 1 cucharada de pimientos rojos asados, picados
- 14 oz de tomates enlatados, cortados en cubitos
- 2 tazas de salsa marinara
- 1 taza de caldo de pollo
- Pimienta
- La sal

Direcciones:

Agrega todos los ingredientes, excepto la pasta integral, a la olla instantánea.

Cierra la tapa y cocina a temperatura alta durante 12 minutos.

Una vez hecho esto, deja que la presión se libere de forma natural. Retire la cubierta.

Agrega la pasta y mezcla bien. Cierra el frasco, selecciona el modo manual y programa el temporizador en 5 minutos.

Cuando termine, libere la presión durante 5 minutos y luego libere el resto usando el cierre rápido. Retire la cubierta. Mezclar bien y servir.

Nutrición (por 100 g): 615 Calorías 15,4 g Grasa 71 g Carbohidratos 48 g Proteína 631 mg Sodio

Tazón de arroz con tacos sabrosos

Tiempo de preparación: 10 minutos
Hora de cocinar: 14 minutos
Porciones: 8
Nivel de dificultad: Medio

Ingredientes:

- 1 libra de carne molida
- 8 oz de queso cheddar, rallado
- 14 oz de frijoles rojos enlatados
- 2 onzas de condimento para tacos
- 16 onzas de salsa
- 2 tazas de agua
- 2 tazas de arroz integral
- Pimienta
- La sal

Direcciones:

Configure la olla instantánea en modo saltear.

Agrega la carne a la sartén y fríe hasta que se dore.

Agregue agua, frijoles, arroz, condimento para tacos, pimienta y sal y mezcle bien.

Adorne con salsa. Cierra la tapa y cocina a temperatura alta durante 14 minutos.

Una vez hecho esto, libere la presión usando el cierre rápido. Retire la cubierta.

Agregue el queso cheddar y revuelva hasta que el queso se derrita.

Servir y disfrutar.

Nutrición (por 100 g): 464 Calorías 15,3 g Grasa 48,9 g Carbohidratos 32,2 g Proteína 612 mg Sodio

Sabrosos macarrones con queso

Tiempo de preparación: 10 minutos
Hora de cocinar: 10 minutos
Porciones: 6
Nivel de dificultad: Fácil

Ingredientes:

- 16 oz de pasta integral para codos
- 4 tazas de agua
- 1 taza de tomate enlatado, cortado en cubitos
- 1 cucharadita de ajo, picado
- 2 cucharadas de aceite de oliva
- 1/4 taza de cebollas verdes, picadas
- 1/2 taza de parmesano rallado
- 1/2 taza de queso mozzarella rallado
- 1 taza de queso cheddar, rallado
- 1/4 taza de passata
- 1 taza de leche de almendras sin azúcar
- 1 taza de alcachofas marinadas, cortadas en cubitos
- 1/2 taza de tomates secados al sol, rebanados
- 1/2 taza de aceitunas, en rodajas
- 1 cucharadita de sal

Direcciones:

Agrega la pasta, el agua, los tomates, el ajo, el aceite y la sal a la olla instantánea y mezcla bien. Cubra la tapa y cocine a fuego alto.

Una vez hecho esto, libere la presión durante unos minutos y luego libere el resto con un cierre rápido. Retire la cubierta.

Pon la sartén en modo salteado. Agrega la cebolla verde, el parmesano, el queso mozzarella, el queso cheddar, la passata, la leche de almendras, la alcachofa, los tomates secos y la aceituna. Mezclar bien.

Mezclar bien y cocinar hasta que el queso se derrita.

Servir y disfrutar.

Nutrición (por 100 g): 519 Calorías 17,1 g Grasa 66,5 g Carbohidratos 25 g Proteína 588 mg Sodio

Arroz Con Pepino Y Olivas

Tiempo de preparación: 10 minutos
Hora de cocinar: 10 minutos
Porciones: 8
Nivel de dificultad: Medio

Ingredientes:

- 2 tazas de arroz, enjuagado
- 1/2 taza de aceitunas, sin hueso
- 1 taza de pepino, picado
- 1 cucharada de vinagre de vino tinto
- 1 cucharadita de ralladura de limón, rallada
- 1 cucharada de jugo de limón fresco
- 2 cucharadas de aceite de oliva
- 2 tazas de caldo de verduras
- 1/2 cucharadita de orégano seco
- 1 pimiento rojo, picado
- 1/2 taza de cebolla, picada
- 1 cucharada de aceite de oliva
- Pimienta
- La sal

Direcciones:

Agregue aceite a la olla interior de Instant Pot y seleccione la olla para saltear. Agrega la cebolla y sofríe durante 3 minutos. Agrega la pimienta y el orégano y sofríe durante 1 minuto.

Agrega el arroz y el caldo y mezcla bien. Cierre la tapa y cocine a temperatura alta durante 6 minutos. Una vez hecho esto, deje que se libere la presión durante 10 minutos, luego libere el resto con un cierre rápido. Retire la cubierta.

Agrega el resto de los ingredientes y mezcla todo bien. Sirve inmediatamente y disfruta.

Nutrición (por 100 g): 229 Calorías 5,1 g Grasa 40,2 g Carbohidratos 4,9 g Proteína 210 mg Sodio

Sabores de risotto con hierbas

Tiempo de preparación: 10 minutos
Hora de cocinar: 15 minutos
Porciones: 4
Nivel de dificultad: Medio

Ingredientes:

- 2 tazas de arroz
- 2 cucharadas de parmesano rallado
- 3,5 onzas de crema espesa
- 1 cucharada de orégano fresco, picado
- 1 cucharada de albahaca fresca, picada
- 1/2 cucharada de salvia picada
- 1 cebolla, picada
- 2 cucharadas de aceite de oliva
- 1 cucharadita de ajo, picado
- 4 tazas de caldo de verduras
- Pimienta
- La sal

Direcciones:

Agregue aceite al recipiente interior de Instant Pot y coloque la olla en modo salteado. Agregue el ajo y la cebolla a la olla interior de Instant Pot y presione la olla para saltear. Agrega el ajo y la cebolla y saltea durante 2-3 minutos.

Agrega el resto de los ingredientes excepto el parmesano y la crema espesa y mezcla bien. Cierra la tapa y cocina a temperatura alta durante 12 minutos.

Una vez hecho esto, libere la presión durante 10 minutos y luego libere el resto usando el cierre rápido. Retire la cubierta. Agrega la crema y el queso y sirve.

Nutrición (por 100 g): 514 Calorías 17,6 g Grasa 79,4 g Carbohidratos 8,8 g Proteína 488 mg Sodio

Deliciosa Pasta Primavera

Tiempo de preparación: 10 minutos

Hora de cocinar: 4 minutos

Porciones: 4

Nivel de dificultad: Fácil

Ingredientes:

- 8 onzas de penne de trigo integral
- 1 cucharada de jugo de limón fresco
- 2 cucharadas de perejil fresco, picado
- 1/4 taza de almendras laminadas
- 1/4 taza de parmesano rallado
- 14 oz de tomates enlatados, cortados en cubitos
- 1/2 taza de ciruelas pasas
- 1/2 taza de calabacín, picado
- 1/2 taza de espárragos
- 1/2 taza de zanahorias, picadas
- 1/2 taza de brócoli, picado
- 1 3/4 taza de caldo de verduras
- Pimienta
- La sal

Direcciones:

Agregue el caldo, las peras, los tomates, las ciruelas, el calabacín, los espárragos, las zanahorias y el brócoli a la olla instantánea y mezcle bien. Cierra y cocina a temperatura alta durante 4 minutos. Una vez hecho esto, libere la presión usando el cierre rápido. Saca la tapa. Mezclar bien los ingredientes restantes y servir.

Nutrición (por 100 g): 303 Calorías 2,6 g Grasa 63,5 g Carbohidratos 12,8 g Proteína 918 mg Sodio

Pasta con pimientos asados

Tiempo de preparación: 10 minutos

Hora de cocinar: 13 minutos

Porciones: 6

Nivel de dificultad: Medio

Ingredientes:

- 1 libra de pasta penne integral
- 1 cucharada de condimento italiano
- 4 tazas de caldo de verduras
- 1 cucharada de ajo, picado
- 1/2 cebolla, picada
- Frasco de 14 oz de pimientos rojos asados
- 1 taza de queso feta, desmenuzado
- 1 cucharada de aceite de oliva
- Pimienta
- La sal

Direcciones:

Agrega el pimiento asado a la licuadora y licúa hasta que quede suave. Agregue aceite a la olla interior de Instant Pot y ponga la jarra en modo salteado. Agregue el ajo y la cebolla a la taza interior de Instant Pot y saltee la olla. Agrega el ajo y la cebolla y saltea durante 2-3 minutos.

Agregue la mezcla de pimientos asados y saltee durante 2 minutos.

Agrega el resto de los ingredientes excepto el queso feta y mezcla bien. Cierra bien y cocina a fuego alto durante 8 minutos. Una vez terminado, libere la presión de forma natural durante 5 minutos, luego libere el resto con un cierre rápido. Retire la cubierta. Cubra con queso feta y sirva.

Nutrición (por 100 g): 459 Calorías 10,6 g Grasa 68,1 g Carbohidratos 21,3 g Proteína 724 mg Sodio

Queso Albahaca Tomate Arroz

Tiempo de preparación: 10 minutos

Hora de cocinar: 26 minutos

Porciones: 8

Nivel de dificultad: Medio

Ingredientes:

- 1 1/2 tazas de arroz integral
- 1 taza de parmesano rallado
- 1/4 taza de albahaca fresca, picada
- 2 tazas de tomates uva, cortados por la mitad
- 8 oz de salsa de tomate enlatada
- 1 3/4 taza de caldo de verduras
- 1 cucharada de ajo, picado
- 1/2 taza de cebolla, picada
- 1 cucharada de aceite de oliva
- Pimienta
- La sal

Direcciones:

Agregue aceite al recipiente interior de Instant Pot y seleccione la olla para saltear. Coloque el ajo y la cebolla en el recipiente interior de Instant Pot y póngalo a saltear. Agrega el ajo y la cebolla y saltea durante 4 minutos. Agrega el arroz, la salsa de tomate, el caldo, la pimienta y la sal y mezcla bien.

Ciérralo y cocina a fuego alto durante 22 minutos.

Una vez hecho esto, déjelo liberar presión durante 10 minutos, luego libere el resto usando el cierre rápido. Retire la tapa. Agrega el resto de los ingredientes y mezcla. Servir y disfrutar.

Nutrición (por 100 g): 208 Calorías 5,6 g Grasa 32,1 g Carbohidratos 8,3 g Proteína 863 mg Sodio

Pasta De Atún

Tiempo de preparación: 10 minutos
Hora de cocinar: 8 minutos
Porciones: 6
Nivel de dificultad: Medio

Ingredientes:

- 10 oz de atún enlatado, escurrido
- 15 onzas de pasta rotini integral
- 4 onzas de queso mozzarella, en cubos
- 1/2 taza de parmesano rallado
- 1 cucharadita de albahaca seca
- Lata de 14 oz de tomates
- 4 tazas de caldo de verduras
- 1 cucharada de ajo, picado
- 8 onzas de champiñones, rebanados
- 2 calabacines, rebanados
- 1 cebolla, picada
- 2 cucharadas de aceite de oliva
- Pimienta
- La sal

Direcciones:

Vierta el aceite en la olla interior de Instant Pot y presione la olla para saltear. Agrega los champiñones, el calabacín y la cebolla y sofríe hasta que la cebolla se ablande. Agrega el ajo y sofríe por un minuto.

Agrega la pasta, la albahaca, el atún, los tomates y el caldo y mezcla bien. Cierra y cocina a temperatura alta durante 4 minutos. Una vez terminado, libere la presión durante 5 minutos y luego libere el resto con un cierre rápido. Retire la cubierta. Agrega el resto de los ingredientes, mezcla bien y sirve.

Nutrición (por 100 g): 346 Calorías 11,9 g Grasa 31,3 g Carbohidratos 6,3 g Proteína 830 mg Sodio

Panini mix de aguacate y pavo

Tiempo de preparación: 5 minutos

Hora de cocinar: 8 minutos

Porciones: 2

Nivel de dificultad: Fácil

Ingredientes:

- 2 pimientos rojos, asados y cortados en tiras
- ¼ lb de pechuga de pavo ahumado al mezquite en rodajas finas
- 1 taza de hojas de espinaca enteras frescas, divididas
- 2 rebanadas de provolone
- 1 cucharada de aceite de oliva, dividido
- 2 panecillos ciabatta
- ¼ taza de mayonesa
- ½ aguacate maduro

Direcciones:

En un bol, tritura bien la mayonesa y el aguacate. A continuación, precalienta la prensa para panini.

Corta los panecillos por la mitad y unta aceite de oliva en el interior del panecillo. Luego rellénala con el relleno, superponiéndolas a medida que avanzas: queso provolone, pechuga de pavo, pimiento rojo asado, hojas de espinacas y unta la mezcla de aguacate y cubre con la otra rebanada de pan.

Coloque el sándwich en la prensa para panini y ase durante 5 a 8 minutos hasta que el queso se derrita y el pan esté crujiente y rayado.

Nutrición (por 100 g): 546 Calorías 34,8 g Grasa 31,9 g Carbohidratos 27,8 g Proteína 582 mg Sodio

Fattoush – Pan del Medio Oriente

Tiempo de preparación: 10 minutos
Hora de cocinar: 15 minutos
Porciones: 6
Nivel de dificultad: Difícil

Ingredientes:

- 2 panes pita
- 1 cucharada de aceite de oliva virgen extra
- 1/2 cucharadita de zumaque, más para después
- Sal y pimienta
- 1 corazón de lechuga romana
- 1 pepino inglés
- 5 tomates roma
- 5 cebollas verdes
- 5 rábanos
- 2 tazas de hojas de perejil fresco picado
- 1 taza de hojas de menta fresca picadas
- <u>Ingredientes del aderezo:</u>
- 1 1/2 lima, jugo
- 1/3 taza de aceite de oliva virgen extra
- Sal y pimienta
- 1 cucharadita de zumaque molido
- 1/4 cucharadita de canela molida
- 1/4 cucharadita de pimienta de Jamaica molida

Direcciones:

Durante 5 minutos, tuesta el pan de pita en el horno tostador. Y luego parta el pan de pita en pedazos.

En una sartén grande a fuego medio, calienta 3 cucharadas de aceite de oliva durante 3 minutos. Agregue el pan de pita y fría hasta que esté dorado, aproximadamente 4 minutos, revolviendo.

Agrega sal, pimienta y 1/2 cucharadita de zumaque. Reserva los chips de pita del fuego y colócalos en toallas de papel para que escurran.

Mezcle bien la lechuga picada, el pepino, los tomates, las cebollas verdes, los rábanos en rodajas, las hojas de menta y el perejil en una ensaladera grande.

Para preparar la vinagreta de lima, combine todos los ingredientes en un tazón pequeño.

Agrega la vinagreta a la ensalada y mezcla bien. Agrega el pan de pita.

Servir y disfrutar.

Nutrición (por 100 g): 192 Calorías 13,8 g Grasa 16,1 g Carbohidratos 3,9 g Proteína 655 mg Sodio

Focaccia de tomate y ajo sin gluten

Tiempo de preparación: 5 minutos
Hora de cocinar: 20 minutos
Porciones: 8
Nivel de dificultad: Difícil

Ingredientes:

- 1 huevo
- ½ cucharadita de jugo de limón
- 1 cucharada de miel
- 4 cucharadas de aceite de oliva
- una pizca de azucar
- 1 taza de agua tibia
- 1 cucharada de levadura seca activa
- 2 cucharaditas de romero, picado
- 2 cucharaditas de tomillo, picado
- 2 cucharaditas de albahaca, picada
- 2 dientes de ajo, picados
- 1 cucharadita de sal marina
- 2 cucharaditas de goma xantana
- ½ taza de harina de mijo
- 1 taza de fécula de papa, no harina
- 1 taza de harina de sorgo
- Harina de maíz sin gluten para espolvorear

Direcciones:

Durante 5 minutos, enciende el horno y luego apágalo manteniendo la puerta del horno cerrada.

Mezclar agua tibia y una pizca de azúcar. Agrega la levadura y revuelve suavemente. Dejar reposar durante 7 minutos.

En un tazón grande, mezcle las hierbas, el ajo, la sal, la goma xantana, el almidón y la harina. Una vez que la levadura haya subido, verter en un bol de harina. Agrega el huevo, el jugo de limón, la miel y el aceite de oliva.

Mezclar bien y colocar en un molde cuadrado bien engrasado y espolvoreado con harina de maíz. Adorne con ajo fresco, más hierbas y tomates en rodajas. Colocar en el horno caliente y dejar reposar durante media hora.

Encienda el horno a 375oF y luego precaliente durante 20 minutos. La focaccia estará lista una vez que la parte superior esté ligeramente dorada. Retirar inmediatamente del horno y del molde y dejar enfriar. Se sirve mejor caliente.

Nutrición (por 100 g): 251 calorías 9 g de grasa 38,4 g de carbohidratos 5,4 g de proteína 366 mg de sodio

Hamburguesas de champiñones a la parrilla

Tiempo de preparación: 15 minutos
Hora de cocinar: 10 minutos
Porciones: 4
Nivel de dificultad: Medio

Ingredientes:

- 2 lechugas Bibb, cortadas por la mitad
- 4 rodajas de cebolla morada
- 4 rodajas de tomate
- 4 panecillos integrales, tostados
- 2 cucharadas de aceite de oliva
- vs. 1 cucharadita de pimienta de cayena, opcional
- 1 diente de ajo, picado
- 1 cucharada de azúcar
- ½ taza de agua
- 1/3 taza de vinagre balsámico
- 4 tapas grandes de hongos Portobello, de aproximadamente 5 pulgadas de diámetro

Direcciones:

Quitar los tallos a las setas y limpiarlas con un paño húmedo. Transfiera a una fuente para hornear con las branquias hacia arriba.

En un bol, mezcle el aceite de oliva, la pimienta de cayena, el ajo, el azúcar, el agua y el vinagre. Vierte sobre los champiñones y marina los champiñones en el ref durante al menos una hora.

Una vez que casi haya transcurrido la hora, precalienta la parrilla a fuego medio-alto y engrasa la parrilla.

Asa los champiñones durante cinco minutos por cada lado o hasta que estén tiernos. Unte los champiñones con marinada para que no se sequen.

Para armar, coloca la mitad del pan en un plato, decora con una rodaja de cebolla, champiñones, tomate y una hoja de lechuga. Cubrir con la otra mitad superior del pan. Repite el proceso con los demás ingredientes, sirve y disfruta.

Nutrición (por 100 g): 244 Calorías 9,3 g Grasa 32 g Carbohidratos 8,1 g Proteína 693 mg Sodio

Baba ganush mediterráneo

Tiempo de preparación: 10 minutos
Hora de cocinar: 25 minutos
Porciones: 4
Nivel de dificultad: Medio

Ingredientes:

- 1 cabeza de ajo
- 1 pimiento rojo, cortado por la mitad y sin semillas
- 1 cucharada de albahaca fresca picada
- 1 cucharada de aceite de oliva
- 1 cucharadita de pimienta negra
- 2 berenjenas, cortadas a lo largo
- 2 rebanadas de pan plano o pita
- Jugo de 1 limón

Direcciones:

Cubra la parrilla con aceite en aerosol y precaliente la parrilla a fuego medio-alto.

Corta la parte superior de los bulbos de ajo y envuélvelos en papel de aluminio. Colóquelo en la parte más fría de la parrilla y ase durante al menos 20 minutos. Coloca las rodajas de pimiento y berenjena en la parte más caliente de la parrilla. Asar por ambos lados.

Una vez que los bulbos estén cocidos, retira la piel de los ajos asados y coloca los ajos pelados en el procesador de alimentos. Agregue aceite de oliva, pimienta, albahaca, jugo de limón, pimiento rojo asado y berenjena asada. Haga puré y vierta en un bol.

Ase el pan durante al menos 30 segundos por cada lado para calentarlo. Sirve el pan con el dip hecho puré y disfruta.

Nutrición (por 100 g): 231,6 Calorías 4,8 g Grasa 36,3 g Carbohidratos 6,3 g Proteína 593 mg Sodio

Bollos multicereales y sin gluten

Tiempo de preparación: 10 minutos
Hora de cocinar: 20 minutos
Porciones: 8
Nivel de dificultad: Medio

Ingredientes:

- ½ cucharadita de vinagre de manzana
- 3 cucharadas de aceite de oliva
- 2 huevos
- 1 cucharadita de polvo para hornear
- 1 cucharadita de sal
- 2 cucharaditas de goma xantana
- ½ taza de almidón de tapioca
- ¼ de taza de harina de teff integral
- ¼ taza de harina de linaza
- ¼ taza de harina de amaranto
- ¼ taza de harina de sorgo
- ¾ taza de harina de arroz integral

Direcciones:

Mezcla bien el agua y la miel en un bol pequeño y añade la levadura. Déjalo exactamente 10 minutos.

Mezcle lo siguiente con una batidora de paleta: polvo para hornear, sal, goma xantana, harina de lino, harina de sorgo, harina de teff, almidón de tapioca, harina de amaranto y harina de arroz integral.

En un tazón mediano, bate bien el vinagre, el aceite de oliva y los huevos.

En un bol con los ingredientes secos, vierte la mezcla de vinagre y levadura y mezcla bien.

Engrase un molde para muffins de 12 tazas con aceite en aerosol. Transfiera la masa de manera uniforme a 12 moldes para muffins y déjela reposar durante una hora.

Luego, precalienta el horno a 375°F y hornea los panecillos hasta que la parte superior esté dorada, aproximadamente 20 minutos.

Retire inmediatamente los bollos del horno y los moldes para muffins y déjelos enfriar.

Se sirve mejor caliente.

Nutrición (por 100 g): 207 Calorías 8,3 g Grasa 27,8 g Carbohidratos 4,6 g Proteína 844 mg Sodio

www.ingramcontent.com/pod-product-compliance
Lightning Source LLC
Chambersburg PA
CBHW071856110526
44591CB00011B/1439